AI大潮下的新质生产力

秦朔 主编　袁璐 著

中信出版集团｜北京

图书在版编目（CIP）数据

激活：AI 大潮下的新质生产力 / 秦朔主编；袁璐著 . -- 北京：中信出版社 , 2025. 1. -- ISBN 978-7-5217-7359-0

I. F279.23

中国国家版本馆 CIP 数据核字第 2024AH7495 号

激活——AI 大潮下的新质生产力
主编： 秦朔
著者： 袁璐
出版发行：中信出版集团股份有限公司
（北京市朝阳区东三环北路 27 号嘉铭中心　邮编　100020）
承印者： 北京通州皇家印刷厂

开本：787mm×1092mm 1/16　印张：17　字数：230 千字
版次：2025 年 1 月第 1 版　印次：2025 年 1 月第 1 次印刷
书号：ISBN 978-7-5217-7359-0
定价：68.00 元

版权所有·侵权必究
如有印刷、装订问题，本公司负责调换。
服务热线：400-600-8099
投稿邮箱：author@citicpub.com

目录

推荐序一　数字化转型是经济增长动力之源 / 刘尚希 ...VII
推荐序二　AI 大浪潮之下，产业数智变革奇点已来 / 杨国安 ...XI
前　　言　进化之路：中国产业的底色与未来 ...XV

[第一部分　智能革命]

开篇："智能化"激活产业新增长

迈瑞医疗：八年磨一剑，"AI+ 器械"的中国路径
临床需求决定研发方向，一波三折的 AI 技术路径 ...013
算法是基础，真正拉开差距的是数据质量和标注质量 ...015
从追随到突破，越走越实的国产化替代之路 ...018
医疗领域 +AI 携手共进，向 ICU 里的"病魔"下战书 ...021
小结 ...024

广汽集团"数字化"：如何实现"用户定义汽车"？
革新的起点："车云一体"与"用户体验"创新 ...028

革新的支撑：从供应链到产品、平台的创新管理体系 ...031

小结 ...034

万控智造：云上 AI 再创业，赛道冠军"卷"价值

创业维艰，"七上宁波" ...039

从家族企业到现代企业，信息化初见成效 ...041

产业互联网时代的"二次出发" ...044

小结 ...050

深度智控：以"机理+AI"构建"节能"新动力

"机理模型"撞上 AI，一波三折的创新节能之路 ...053

应用场景驱动，原生技术快速落地开花 ...058

小结 ...063

深大腾班 AI 养鹅养鸡：创收才是硬道理

"鹅肉好吃鹅难养"："世界鹅王"高病死难题 ...065

学起来高大上的 AI 撞上"接地气"的鹅场 ...068

掀开 AI 场景化应用的帷幕：唯有持续实践能使理论开花结果 ...072

从汕头到赤水，打造全球首个乌骨鸡智慧养殖系统 ...074

小结 ...077

第二部分 场景突破

开篇：数字技术如何助力产业场景突围？

招商局：从百年场景中走出的"新突破"
"数字化招商局"战略 ...090
数字化变革之难 ...094
一个港口的变化 ...102
小结 ...114

百果园："三步走"构建水果零售全产业链"数字体系"
直面复杂的"水果供应链"：在线化解决"质量管理"难题 ...117
以数字化模型重塑业务流程和产业链逻辑 ...125
持续构建消费者行为数字化模型：打造"以销定产"模式 ...128
小结 ...134

新希望："数字化"如何成就"场景之王"？
始于冷链，成于"数字化"：用科技移开生鲜食材流通场景中的"三座大山" ...138
激活"数据要素"价值，释放"数字原生"真正的动能 ...142
为数字化变革不惜组织再造：新希望集团推动自身完成新旧动能切换 ...146
小结 ...151

天马微电子："数字化"是信息化的范式跃迁

从"建村庄"到"建城市"：发掘"信息化"到"数字化"跃迁背后的
　　价值 ...156

"力推企业微信"：细处着手推进数字化升级 ...159

小结 ...163

广州地铁"穗腾 OS"：释放管理"软动力"

"痛点"与"情怀"的结合：从"统一语言"做起的"地铁数字底座"...166

"软力量"重构"硬动力"：软件实力支撑新的"to B 方法论"...169

小结 ...173

第三部分　产业升级

开篇：数字化如何革新产业链

李宁：3000 万私域用户带来的"更懂消费者"

弄懂消费者需求：从战略维度思考"私域"...191

"线下及外部打通"与"三大功能"："私域"最重要的是"消费者
　　资产"...194

做好"数字化基建"："三大体系"的价值与战略定力构建 ...200

小结 ...202

浔兴拉链：产业龙头的嗅觉与持续变革

"小单快反"推动的数字化升级：最下沉、最接地气的数字化如何做？ ...207

IT 化变革的"三大难点"：支撑整个生产体系的变革 ...212

"技术早已不是企业信息化的瓶颈"：关键是打通上下游生态与打通内部
　　需求 ...219

小结 ...223

智衣链：数字化解决"生产一件"的难题

"小订单"模式的隐秘路径：工业生产如何满足个性化需求？ ...226

数字化"一体工厂"：从一站式解决需求到更快解决需求 ...230

解决"生产一件"的难题：如何做到从"制衣链"到"智衣链"？ ...236

小结 ...242

推荐序一

数字化转型是经济增长动力之源

刘尚希　中国财政科学研究院原院长

从中国信通院发布的《中国数字经济发展研究报告（2024年）》中可以看到，截至2023年底，中国数字经济占GDP（国内生产总值）比重已经达到42.8%，数字经济增长对GDP增长的贡献率更是达到了66.45%。可以说，数字经济作为一种新型经济形态，正逐步确立其主导地位。

需要明确的是，当前我们所谈的"数字经济"，早已不是指实体经济的对立面，而是"数实融合"的结果，也就是说"数字技术融入实体经济，实体经济向数字化转型而蝶变为数字经济"。在数字革命大潮推动下，未来的经济形态都将是数字经济。

过去很长一段时间里，社会各界通常会把数字经济视作工业化的简单延续或扩展，因而在政策、监管层面，或者企业转向数字化时，都可能走入误区。例如，监管方式可能是用工业时代的规则去规范数字经济，而无意之中使其穿上了"紧身衣"；企业则可能把数字化简单化，理解为信息化，从而意识不到是在用"新瓶装旧酒"。

实际上，数字化颠覆了工业化的底层逻辑，从最初的信息化、网络化，到目前以AI（人工智能）为核心的智能化，数字经济在快速进化。万物互联为基础的智能化不仅使生产活动、经济组织方式和社会组织方式发生根本性变化，更重要的是带来了思维方式的革命，将会形成新的思维范式和研究范式——超越二值逻辑。数字经济的发展不是停留在技术变革层面，而是要完成"理念－企业－产业－组织－体制"的重塑和再造。

在这一过程中，数字经济的隐含逻辑规则一直没有改变，那就是边际成本递减、边际收益递增。这使得领先的市场主体更容易在竞争中占据优势地位，形成生态垄断，这与工业化中的规模垄断根本不同，改变了竞争规则，从企业之间的产品竞争变成了生态竞争，稳固的生态一旦形成，就变成了垄断，这样的垄断恰恰是一个国家的竞争力。数字智能时代的垄断竞争很容易导致"一步赶不上，步步赶不上"，一个企业、一个国家一旦落后便难以追赶，被数字化的加速度抛弃。

由此，也可以预见，数字化治理一旦出现偏差，就有可能使数字化转型陷入泥潭，数字经济发展便会如蜗牛一般缓慢前行，甚至停滞不前。要让中国在数字经济时代的国际竞争中把握发展的主动权，实现可持续的经济社会发展，推动中国式现代化前行，就需要充分认识到数字经济的新逻辑，构建新的治理规则，避免用工业化的"老皇历"来看今天及未来的经济发展新趋势。

改革开放以来，中国很多企业都抓住了工业全球化的机遇，从引进、消化、吸收到不断创新，很快补上了工业化的短板。中国用40多年走完了他国一二百年的工业化历程，成为"世界工厂"。"数字革命"超越工业革命，开辟了经济发展的新赛道，这给中国创造了一个千载难逢的历史机遇，为缩小中国与发达国家之间的差距提供了全新的战略路径。在数字革命的浪潮中，中国诞生了许多世界级的品牌、产品和服务，涌现出不少数字化转型的标杆型企业。比如，腾讯等领先的中国数字平台公司，通过产业互联网、云服务系统化的开放，让公司的技术、能力为千行百业的数字化转型提供支持。2024年，《财富》世界500强企业中有超过100家来自中国，这离不开数字化的渗透和赋能。

数字经济发展目前已经进入以AI技术为核心的新阶段，生成式大模型的通用人工智能以及基于领域场景的行业人工智能风起云涌，给中国企业带来了新机遇，智能制造、智能管理、智能投顾、智能风控、智能诊疗等不断涌现。人工智能在各个行业领域的渗透，加速了千行百业的数字化转型；同时，不断丰富的应用场景和数据又促进了人工智能技术的迭代升级。

在这百舸争流的数字化人工智能时代，先行者的经验显然是值得总结和借鉴的。通过总结上升到理论层面，这些经验可为数字化转型实践提供理论指导；通过借鉴，塑造数字化转型的标杆，可为各行各业的企业提供案例和样板。这恰恰是《激活：AI大潮下的新质生产力》一书提供的价值。

该书作者通过实地考察和深入调查研究，以细致的笔触，翔实地记录了数字化AI浪潮中的十多个具有代表性的中国产业头部企业，它们勇立潮头、中流击水，开创出一片新天地。

迈瑞医疗联合腾讯，打造出了受到全球医疗机构认可的AI阅片机（全自动外周血细胞形态学分析仪），攀上了该领域的技术高峰，并将医疗大模型落地到了医院；

浙江温州的万控智造，把AI大模型渗入研发场景，利用云计算串联全过程各个环节，激活了制造业的效率与创新力，将产品交期大幅缩短，进而探索出一种全新的商业模式；

李宁服装，遍布全国的线下渠道曾经是产业的制胜法宝，借助数字智能化，它重新排兵布阵，完成了线下线上融合的模式转型；

　　招商局旗下的妈湾港，有着30多年历史，在不增加人员、扩大港口面积的前提下，依靠全面数字化改造，把年吞吐量从100万标准集装箱提升到300万标准集装箱，数字空间拓展了物理空间。

　　类似的案例还有很多。在这个没有参照系的"无人区"，这些敢闯敢试的探索者，为我国企业的数字化转型树立起了一个个标杆，为前行者提供了新的路标。

　　中国人从来不乏勤劳、勇气和智慧，在数字变革的大潮中，在人工智能的加持下，数字经济在加速进化，只要赋予创新需要的天时、地利、人和，社会各界的创新之火便能燎原，新质生产力就能如雨后春笋般萌芽、成长。我坚信，在政策有为、改革有力和企业有劲的协同之下，各行业的数字化转型将会加速前行，中国数字经济的发展将迎来新高潮，如一幅波澜壮阔的画卷徐徐展开。本书所记录和描画的正是数字化浪潮中的朵朵浪花。

推荐序二

AI 大浪潮之下，产业数智变革奇点已来

杨国安　腾讯集团高级管理顾问，青腾教务长

企业组织变革、数智化革新，一直是我的研究方向。迄今为止，我的大部分研究和实践都与此相关，深入产业互联网、数字技术革新、数字化转型相关的企业和产业一线，就是很重要的一环。"激活"系列图书出版前，我有幸提前阅读，对于主创团队走访数十家企业进行田野调查的做法，印象很深。

这就是"激活"系列的第二本书——《激活：AI 大潮下的新质生产力》的来由。过去两年里，主创团队深入招商局、广汽集团、迈瑞医疗、新希望、百果园、万控智造等各行业企业，凭借翔实的细节、数据以及大量实地调研获取的第一手资料，深度剖析了在 AI 大模型浪潮的冲击下，企业如何应对变革、迎接挑战，运用数字技术实现组织的革新，乃至创造出全新的产品与服务形态。

这些真实发生于产业内的数智变革，乍看之下或许只是细枝末节，然而，涓涓细流汇聚成江河湖海，积跬步以至千里之遥，恰恰是这些看似不起眼的细节，共同构筑了值得记录与书写的"奇点时刻"。故而，当收到为该书作序的邀请时，我欣然应允。

回顾过去十余年，我持续关注互联网与移动互联网如何推动产

业及企业的转型升级。自 2018 年起，随着科技变革从消费互联网迈向产业互联网，我深切体会到使用涵盖范围更广的"数智科技"一词来描述这一潮流更为精准——这并非单纯的互联网概念，而是大数据、云计算、人工智能、区块链、物联网等多种科技相互交融。实体经济企业借助这些数智化手段能实现降本增效、提升用户体验，甚至重塑产业链条。

而生成式大模型诞生之后，这一变革进程进一步提速。在过去的两年中，数智化浪潮下的企业变革，或者更通俗地说，在 AI 时代，企业如何应对挑战与机遇，是所有产业界、学界同人都在思考的问题。

在我看来，这一波以 AI 大模型技术为核心的变革，企业家如果想把握机遇，需着力解决三个核心问题：核心高管团队的认知，变革的勇气和决心，组织能力的建设。

这三个核心问题，以及我在《数实融合》中提出的"杨五环 2.0"框架，恰恰也在本书里得到呈现和证实。

新希望创始人刘永好认为，企业的数字化转型关键是要解决人的问题，要重新梳理企业的价值观体系和发展理念，也要大胆引入数字化人才。除了刘永好，在本书中，天马微电子执行副总裁迟云峰、万控智造创始人木晓东也强调了"主观能动性"的价值——观念的转变在数字化转型中至关重要。

在本书的案例中，我们也看到了迈瑞医疗常年致力于把 AI 和医疗结合，以解决医疗资源稀缺、医疗水平参差的问题，八年磨一剑，终于打造出了广受全球医疗机构认可的 AI 阅片机。最近我又看到他们和腾讯合作的医疗大模型在医院里顺利落地。迈瑞医疗的管理者展现出了卓越的战略定力。

对于有一些历史积淀的企业，在全面数字化的过程中，组织架构的变革不可避免。例如过去销售主要依赖遍布全国的线下直营店和加盟店的李宁，面对数字原生的次世代的消费习惯，它重新梳理了组织架构，改组线下的销售渠道，从"批发型零售"向"直营型零售"转型，借助腾讯智慧零售的解决方案，打造了基于线上私域运营和线下直营门店管理的全域运营闭环，最终实现了品牌焕新和销量逆势上扬。

这样的例子在本书还有很多。这些企业也是各个行业的创新先锋，它们的解题思路与方法，可以为更广泛的产业界提供路径参考，也可以激发创新思维。

我始终觉得，深入观察和研究企业数智化转型变革意义重大。一方面，可以给当下正处于转型期的千千万万个传统企业提供思路和方法；另一方面，我们生在一个和蒸汽时代、电气时代、信息时代具有同样历史意义的第四次工业革命时代，只有从细微之处、实践之中方能领悟恢宏变革的演进之道。

再往更深层次看，我们正置身于百年未有之大变局，在技术爆炸、地缘政治等多重因素的交织影响下，每个企业都需要有应对不确定性的预期，并且有应对不确定性的能力。利用数字化手段改造企业的组织和生产方式，掌握"灾难恢复"的能力和速度，对于企业的成功以及持续成功至关重要。

我曾在诸多场合表达过同一个观点：解决短期不确定性，最好的方法就是用长期的确定性倒推。明年发生什么事情很难预测，但是5年、10年之后会发生什么是相对确定的，例如人口结构变化、碳中和、智能革命等。在领导企业转型时，掌舵者必须坚持"长期主义"，不受短期变化的扰动。

"数实融合"的诸多技术已经成熟了，它们已经逼近产品化、商业化的临界点，风起于青蘋之末，中国诞生下一批伟大企业的技术奇点已来。生活在这样一个信息技术爆炸的时代是幸运的，尤其是对企业管理研究者而言，我们有幸见证各类新技术的涌现与应用，目睹它们从无到有催生全新的产业形态与商业标杆。

如果你也像我一样，对于组织如何再造企业、科技如何重塑产业有兴趣，或者你的企业刚好正处于转型期，我诚挚推荐你阅读此书。

前言

进化之路：
中国产业的底色与未来

促进实体经济和数字经济深度融合，是中国把握新一轮科技革命和产业变革新机遇的战略选择。实体经济和数字经济的重要结合点，就是产业互联网。

围绕产业互联网的中国实践，近年来，我们持续走访、调研。2021年，第一部作品《从连接到激活：数字化与中国产业新循环》出版后，我们收到了企业、媒体等各界读者的诸多反馈。比如，如何把握人工智能大模型的机遇，同时用起来、找到增长新空间？产业链上下游的协同，如何以更高效且低成本的方式推进？企业出海和全球化经营风起云涌，要如何建设好数字化平台，让一切尽在掌握？

这些问题都非常好，也非常关键，是大家普遍面对的真实痛点。因此，过去两年，我们与更多做产业实践的企业家朋友、专家学者，做了更深入的交流，花费了两年多的时间走遍中国大地，最终选取了13个案例放入书中，形成"激活"系列的第二本。我们看到，在智能化革命大潮下，产业互联网、云、AI，正在深入场景，如同"体外骨骼"，增强产业链韧性，助力产业升级。

为实体经济赋能

实体经济是中国发展之基，而数字化武装起来的新实体经济，代表了中国产业的未来。如果说改革开放后的路网、电网、能源网、通信网等基础设施建设，构建了中国工业化发展的底座，使千百万家工厂如雨后春笋般涌现，今天以数字化新基建和平台企业为依托，新型工业化已经起航。

如果说中国制造的上一代很多都是"洗脚上田"，用工厂改变中国，现在的新一代则用数字导航，用数字技术改变中国。

如果说过去中国制造的崛起，靠的是"基建+劳动力+工厂"，现在开始拼的是"数字技术+创新工具+新工厂"，以云、人工智能为代表的数字技术，正在越来越多的领域加速而行。

如果说过去中国成为世界工厂靠的是"三来一补"和廉价劳动力，今天以Shein（希音）、比亚迪、美的、宁德时代等为代表的中国企业，则是以数字化改变产业链、改变中国"智造"的方式，在世界经济活动中扮演创新者和引领者的角色。

……

这本书为你呈现的就是我们最新的调研案例。每个案例都写得特别细致，有央企也有民企，包括农业、制造业和服务业等领域，我们想展示数字化、智能化技术在各种场景中具体的实施路径、方法与效果，从而让更多的市场主体，以及政府和社会组织借鉴并参考。

我们在调研中感觉到了一个逻辑的存在，即中国经济与产业的进化程度，是各个节点连接程度的平方与技术迭代的乘积。数字化连接的节点越多，数字技术越进步，产业进化就越快越好。下一代以 AI 为核心驱动的互联网，会加速云的普及，让越来越多的企业生在云上，长在云上，万物泛在互联，数实融为一体。

在这样的 AI 云时代，从听说读写到吃喝玩乐，我们的生产和生活方式，都将在强体验、强交互的 AI 驱动模式下被重新塑造和改写。另一方面，AI 驱动的下一代互联网，也将极大增强人的生产力，每个人都可能同时成为作家、设计师、程序员等等，每个人都将拥有自己在某个场景中的"数字助手"。机器设备同样将具备自主执行、优化和决策能力，独立从事生产活动，从而提高生产效率。

科技改变世界

在智能工厂、AI 辅助的药物研发、远程诊断、无人驾驶、智慧农业、智能供应链和协作、协同办公等社会生活及生产的各个方面，产业互联正在带来新的变化。

产业互联网带来了"技术平权"，让普通人拥有了更高的生活品质。

经济学家熊彼特认为，商业文明的发展就是让"女王所穿丝袜，寻常女工也可得"。贵州龙里县观音村坐落在黔东南大山深处，若干年前这里只有一个"赤脚医生"，卫生室和村医的住所合二为一，田间地头都可能是"诊室"，医疗条件可想而知。随着 AI 辅助问诊和视频会议的普及，大山里的村民如今也能获得和县城甚至大城市居民一样水准的医疗服务。在数字技术的支持下，数字化分级诊疗已覆盖龙里县全县，受益群众达 10 万余人次，"龙里模式"还在向其他边远地区推广。

早几年，来自海外的奇异果、车厘子、草莓等，被冠以"某某中的爱马仕"名头，动辄大几十甚至一百多一斤的价格，让这些水果成为少数小康及以上家庭才能负担得起的"奢侈品"。而智慧农业的崛起，以及以百果园、新希望为代表的企业发起的冷链革命，彻底改变了生鲜的生产环节和流通环节，让普通人家的餐桌上也出现了不输进口品质但更平价的生鲜果品。在这个链条中，果农、经销商、冷链、消费者都是受益者，这是技术进步和产业互联带来的正和博弈。

我们可以买到更丰富多样的商品，任何亚文化的"周边"产品，只要有需求——哪怕是很小众的需求——产业链都能支持实现；数字政务的普及，让人们不用再为了办一个手续一趟又一趟地去跑各种窗口；出差或者去一个陌生城市旅游，也不会因为忘带身份证件或者钱包就寸步难行；去一个语言完全不通的国家旅游，通过各种手机软件和背后厂商提供的服务，衣食住行甚至文化消费的需求也能得到满足；一些原来被排除在科技进步红利之外的弱势群体，例如老年人、视障群体，也能通过技术的进步获得和普通人接近甚至一样的数字服务。产业互联让作为消费者的普通人几乎在方方面面都拥有了更好的生活质量。

产业互联网重整了产业链，提升了产业协同效率，也让一些老牌企业实现了"二次增长"。

传统实体产业中，绝大多数商品是先生产再销售的"以产定销"方式，一件商品先是被大批量生产出来，再经由一级一级分销商投向各个终端市场，从生产端到消费端投入大、周期长，一个决策失误就可能让企业的经营陷入困境。

而现在，更多企业在利用数字化尝试更灵活的经营方式，例如服装产业，通过在订单、生产、仓储、物流各个环节引入数字化手段，让"小单快反"成为现实，工厂可以按百件级别的数量生产服装并将其快速投向市场，同时根据市场反馈决定要扩大哪一批次的商品生产，客户可以随时下单，"下不封底"。将小单快反做到极致的希音一举成了风靡全球服装产业的当红"炸子鸡"，估值高达4000亿元，并且带动上游服装产业实现了集体数字化转型。

在生产与消费端的链接上，老牌服装企业李宁通过小程序的私域运营实现了DTC（直接面向消费者），通过小程序、线下门店和社群营销的联动运营，仅2023年一年从官网小程序注册引导到线下成交的GMV（商品交易总额）就已经过亿，并且私域展现出了长期运营的价值，包括用户忠诚度更高，客单价和复购率均高于传统电商平台以及同行等。在市场普遍不景气的情况下，相较于2019年，李宁收入5年实现翻倍，收入年复合增速达15%。

在产业协同上，电气机柜领域龙头企业万控智造，集自身多年在自动化、数字化方面的经验，打造了一个打通上下游产业链的电气产业互联网平台，初步实现了共享制造。在港珠澳大桥项目中，800台电气机柜订单在短时间内要实现同期交付，一个工厂是很难做到的，而万控智造通过调度不同工厂的产能，并利用数字系统保证产线、产品标准、加工工艺等方面的高度一致性，最终如期交付。当这一平台被更多企业使用，未来一个订单由10多个工厂协同制造将易如反掌。

产业互联让"中国制造"变成了"中国智造"，中国企业也以此全新形象参与全球经济活动。

过去，Made in China（中国制造）往往意味着性价比，中国企业只能在纺织品、轻工业制品、日用品等技术和文化含量不高的领域以低价取胜，而现在 Made in China 有了全新的含义。

　　2024 年中大火的《黑神话：悟空》，让全世界都感受了一把东方美学的震撼，这并不是孤例，而是中国多年工业水平发展、产业互联在各个领域厚积薄发的结果。中国新能源汽车在全球异军突起，比亚迪曾多年在全球电动大巴领域名列前茅，现在电动乘用车销量也稳步增长，让英国、美国、日本、德国这些传统意义上的西方汽车豪强不得不严阵以待；宁德时代的全球动力电池使用量已连续 7 年登顶全球第一，是全球唯一一家占据 30% 以上市场份额的电池制造商，并且仍然保持着迅猛的增长势头；海关总署数据显示，2024 年前 7 个月中国家电累计出口 4091.9 亿元，同比增长 18.1%，并且已连续 17 个月同比正增长。

　　在充分竞争的市场领域，企业的竞争力是产品力和经营效率的综合结果，科技和数字赋能对于这一轮中国企业征战海外市场功不可没。以美的为例，除了持续的研发投入，美的在供应链各个环节上利用更高效的数据系统将订单集约化，并完成采购、工厂、物流等各环节的信息协同，实现了"T+3"[①]，消费者从下单到拿到产品，前后不会超过半个月，美的的产品销售也从原来的库存式生产变成了订单式生产。这样的生产、制造和流通效率，让美的的产品在全球市场拥有更强的竞争力，美的集团海外营收占比连续 5 年超过 40%，业务遍及全球 200 多个国家和地区。

　　正是因为在生产制造和流通的各个环节实现了更好的标准化、品控和效率提升，中国企业才能以更好的品质、更快的服务、更灵

[①] "T"指的是美的在供应链上接收客户订单、原料备货、工厂生产、发货销售的四个周期，"3"指的是每个环节的交付时间不得超过 3 天。

活的经营方式应对全球市场的需求，并且能为自身预留出利润空间。

产业互联让劳动者更有尊严，他们拥有了更舒适、更人性化、更体面的工作环境和更多元的选择。

机器人和自动化接管了部分高空作业、森林灭火、水下勘探、有害化学物清理等危险及特种工作。在人力尚不能被机器替代的场景中，一些苛刻的劳动环境也正在被改善。例如，港口负责集装箱装卸的岸桥（岸边集装箱起重机）司机，以往每天需要在高空吊桥上弯腰工作8小时，很多司机年纪不大就患上各种腰肩背劳损疾病，严重的情况甚至不得不终止职业生涯。在深圳妈湾港，招商局引入了自动化远控岸桥，借助腾讯云音视频等技术，让司机可以离开驾驶室，在千米开外的办公区远程操控岸桥，准确度更高、装配效率更高，司机的职业生涯也得以延长。

在农业领域，传统的小农生产方式经营效率低下、附加值低，在这种模式下，农民常年劳作但收入不甚可观，而随着智慧农业的普及，农民被纳入一个标准化的农业生产链条，以更科学的方式种植附加值更高的农产品，实现了收入的跃迁。在四川德阳市清泉村，有100多个农户在当地农业农村局和农业科技公司的技术指导下种植羊肚菌，每家年均增收能达到5万～6万元，而这只是中国农业现代化变革中的一个缩影。得益于这些变化，对一些受过高等教育的年轻人而言，背井离乡去当"北漂""深漂"也不再是唯一选择。

产业互联网让企业经营提质增效。

"提质增效"是企业的永恒追求，也是这一轮产业升级中很多企业引入数字化手段的价值原点。这样的例子不胜枚举，仅在本书列举的案例中，就有迈瑞医疗通过AI阅片机辅助诊断白血病，它把医生的平均阅片时间从 25～30 分钟大幅缩短至半分钟，识别率达到了 98%，比传统产品高出了 18%；深度智控的节能物联智控系统和模型，通过给工业和建筑空调系统安装一个实时优化计算的智能大脑，用 AI 做节能，以"机理框架＋数据驱动"的方式，实现了平均节能率 20%，最高超过 40% 的节能效果，目前已经在国家超级计算机中心、宁德时代、京东方、腾讯、长城汽车等 100 多个项目应用，仅国家超级计算机中心一年的节电量就超过 400 万千瓦时；深圳大学腾讯云人工智能特色班为汕头鹅农构建的"AI 养鹅"系统，通过采集鹅体的温度、体态、动作等进行病情监测和预警，解决了数百年来狮头鹅高发病率难题，将狮头鹅的存活率提升了 30%；深圳妈湾港通过全面数字化改造，实现了多个环节经营效率的大幅度提升，年吞吐量从 100 万标准集装箱直接提升到了 300 万标准集装箱……

还有更多产业数字革命正在神州大地的各个角落发生。

创新正在发生

2024 年是新中国成立 75 周年，也是中国改革开放 46 周年。在某种意义上，这个伟大时代的最重要成果就是人的发展与进化。这种进化，是从千千万万个货郎挑担走出乡村，到邻近的某个地方进行最简单的物物交换开始的；是在千千万万个虽然没有走出乡村，但通过网络与更遥远的人们连接在一起的菇农、果农身上发生的；是从千千万万个原本散落在珠三角的夫妻店、小作坊，被纳入产业协同网络，在国际经济贸易中分一杯羹上发生的。

这些普通人生命中很多动人的瞬间，发生在他们和更多的他们连接时。他们被看见，被认可，被需要，他们的社会连接、商业连接门槛被降到最低，这让过去无法想象的社会与商业活动得以发生，大胆生长，并带给他们自信的力量。

一直以来，我都认为商业文明的成果是对人的力量的延伸，汽车是脚的延长，电话是耳朵的延长。商业文明的本质就是不断创新，以实现人的自由全面发展。

在从事商业研究和报道的多年中，我所见证的商业文明，一开始以鸡毛换糖、水产品市场价格改革、乡镇企业崛起、股份制改革、建立市场经济和现代公司制度、加入WTO（世界贸易组织）的面貌出现，后来是中关村知识英雄、搜索引擎、QQ、门户网站、淘宝、纳斯达克中概股，再后来是微信、滴滴、移动支付、拼多多，现在还有以腾讯云等为代表的云计算技术，以及走向世界的大国重器。

如果说PC（个人计算机）和移动互联网的核心是改变消费，正在进行的这一轮数字化变革则重在改变生产。在产业互联网时代，变化更是以一种静水深流的方式发生，多数时候不再以创造一个新实体的形式出现，而是融入每个行业。不像前几次科技浪潮动辄有超级应用、国民产品出现，它的成效也需要很长时间来验证——迈瑞医疗花了8年时间才让阅片机器人（即AI阅片机）被行业认可；百果园有今天的产品和种植体系，距离其创始人余惠勇有计划地投入和部署已过去了12年——跨度如此之长，以至于如果在一个短的时间周期内观测，很难看到显著的变化，人们有时候会生出这样的疑问：这个东西真的有用吗？这需要执掌这些变革计划的人有清晰的判断、坚定的信念，以及力排众议的勇气。

但是放在较长的时间周期来看，这一个结论几乎不再有争议：

这一轮产业数字化的价值不亚于近200年以来任何一次工业革命的。

静水深流，只有在水里的人才知道水面下已经是波涛汹涌。在AI驱动的产业互联网时代，一座面积达到25平方公里，道路总长130公里，有4416栋建筑和38万个室内映射（室内空间）的3D虚拟城市，也许只要几周时间就可建成。智能数智人已经"入职"金融、传媒、文旅、出行等上百个行业，成为金融客服、虚拟主播、文旅导览等"数智员工"，提供沉浸式、个性化、有温度的服务。在智能工厂、AI辅助的药物研发、远程诊断、无人驾驶、智能供应链和协作、AI生成内容等方面，产业互联网正在发生新的变化，绽放新的活力。

创新正在发生，一切皆有可能。

如果你在憧憬这一切，如果你相信连接的力量、技术的力量，这本书可以作为一个案例式的导览图，助你走向未来，实现心之所想。

| 第一部分 | **智能革命**

开篇：
"智能化"激活产业新增长

2022年11月30日，沉寂许久的OpenAI突然发布了一款智能聊天机器人ChatGPT。发布之初，这款应用并未引起太多关注，毕竟，类似的聊天机器人应用已经很多了，包括苹果的Siri、亚马逊的Alex、微软的小冰，等等，都一直不温不火。

而过去几年，OpenAI的生存状况并不乐观。自2019年接受微软10亿美元入资之后，它持续接收了微软超百亿美元，这也导致其本身属性备受质疑。创建之初，OpenAI是明确的非营利机构，目标是挑战谷歌的AI霸权，为何会逐渐变成了营利组织？

显然，如果不是ChatGPT的诞生，微软的这次投资注定会像历史上的诸多资本运作一样，很快就无人问津。不过，如同历史上每一次划时代的变革都是在悄无声息中完成的那样，这一次也不例外。

短短两个月后，2023年1月底，ChatGPT月活用户破亿。这一速度打败了抖音，ChatGPT也成了互联网诞生以来，全球最快实现日活用户破亿的应用。就在各方惊叹于微软的超前投资眼光，且为"生成式AI""大模型""多模态""具身智能"等概念疯狂的时候，很多人没有意识到，变局才刚刚开始。

实际上，过去十余年，AI（及智能化）作为数字化的重要模块及高阶目标，一直站在变革的核心位置。过程中，谷歌推出的"阿尔法狗"（AlphaGo）在围棋领域战胜了人类棋手，标志着AI发展进入了一个新时代，引发行业对"谷歌试图垄断AI"的担忧，之后萨姆·奥尔特曼、格雷格·布罗克曼、伊尔亚·苏茨克维、沃伊切赫·扎伦巴和埃隆·马斯克等人联合创办了非营利机构OpenAI。

OpenAI与谷歌在模型、参数规模上的战火也由此燃起。2018年，OpenAI发布了1.17亿参数的GPT-1（Generative Pre-trained Transformer，生成式预训练变换器），谷歌迅速推出了3亿参数的BERT（Bidirectional Encoder Representation from Transformers）模型，并且在2019年10月再次发布了110亿参数的T5（Transfer Text-to-Text Transformer）模型。

与谷歌多方突进不同，OpenAI坚持GPT模型，在2019年7月引入微软10亿美元投资、实现重组之后，2020年一举发布了1750亿参数的GPT-3。不过，这一模型虽然在学术圈引发了诸多关注，但是并未引起太多普通用户的注意。

ChatGPT 3.5就是GPT-3迭代而来的，在迈向"通用AI"的道路上，并没有太多进化，只是因为创新了对话的交互形式且免费给普通用户提供服务，所以迅速获得了用户认可。用萨姆·奥尔特曼自己的话说："ChatGPT 3.5并没有什么特殊之处，只是应用在了新的形态下。"

更大的变化，还得等GPT-4。2023年3月15日，OpenAI发布了ChatGPT 4.0。相比GPT-3.5，GPT-4不仅实现了图像输入，还在人类主流考试中取得了优秀成绩（GPT-3.5的成绩不及格）。例如，在美国律师执照统考中的得分超过了 90% 的考生，在美国生物奥林匹克竞赛的得分超过了 99% 的考生，在"美国高考"SAT 中的数学和阅读科目得分战胜近 90% 的考生。

GPT-4 展现的能力，引爆了全球科技圈。作为 OpenAI 的主要投资方，微软则顺势发布了新产品 Microsoft 365 Copilot，将 GPT-4 整合进了 Office 办公套件。微软发布会上，Copilot 通过智能化办公能力的展示，宣告"AI 动能时代"正式到来。

如果说 2023 年是生成式人工智能元年，那么 2024 年则是应用落地爆发年，AI 从技术浪漫，走向产业应用。

谷歌、Meta（元）、百度、阿里巴巴等都已跟进或加码布局。据统计，中国约有 40 个团队在开发 AI 大模型，全球 AI 军备竞赛一触即发，各家纷纷将 AI 整合进自己的办公套件，例如，谷歌迅速将 AI 整合进了其邮箱等应用。

不过，"办公"虽然很火，但只是 AI 作为动能的冰山一角。在华为创始人任正非看来："人工智能软件平台公司对人类社会的直接贡献可能不到 2%，98% 的价值创造会发生在对工业社会、农业社会的促进中。"

这方面恰恰是中国的强项：广泛的传统产业、海量的应用场景，就像丰饶的"试验田"，让新技术可以快速落地应用，变成产品、方案，进而驱动传统产业升级换代，形成新的增长空间。

在医疗行业，数据量大、维度多且解读难度高是常见的挑战，AI 的应用在这些方面不仅能显著提升效率和质量，还具有重要的经济和社会价值。

迈瑞医疗副总裁李新胜认为，只有真正解决刚需和痛点的产品才值得投入。在 2024 腾讯全球数字生态大会上，李新胜如此说道：

"我想,用户需要的是雪中送炭不是锦上添花,尤其是在医疗行业。"

ICU(重症监护病房)是医疗行业的特定场景。ICU 中医疗设备众多,数据复杂,医生需处理大量、多维的数据,这对他们的专业知识和技能要求极高。同时,ICU 患者的病情复杂多变,对医护人员的经验和治疗水平要求相当严格,不仅如此,在病历、护理记录的撰写上也需要耗费医护人员大量的时间和精力。

迈瑞医疗与腾讯的初次牵手,是在 2016 年。以常用于诊断白血病的血细胞形态学分析为切入点,迈瑞医疗开启了漫长的 AI 医疗探索道路,一直到 2022 年业内第一台"AI 阅片机"问世。八年磨一剑,到 2024 年,迈瑞医疗与腾讯云联合开发的重症 AI 大模型,以智能智慧服务为重症医疗打辅助,在病历撰写、信息查询、数据整理上,显著提升了医务人员的工作效率,为抢救生命赢得了宝贵时间。对迈瑞医疗和腾讯来说,在医疗 +AI 领域始终坚持的初心,就是解决基层医患需求。

"大量原生技术诞生在美国,但最终都是在中国快速开花结果,原因是什么?"深度智控创始人、CEO(首席执行官)李辉曾在清华大学、美国劳伦斯伯克利国家实验室从事科研工作,2018 年创业时,他选择了回到国内,因为国内最核心的优势就是拥有大量的应用场景,可以实现在场景中推动原生技术变成可用的产品。

深度智控所在的领域非常特殊。"深度智控"这个公司名字,实际上就是"深度节能、物联智控"这项技术的缩写。节能行业的人都知道,大型机电能源系统,特别是空调与空压系统的运行能耗,常常占到工业与建筑能耗的 30%～50%。长久以来,这套系统的运行优化,99% 依靠专家的经验,通过制定一套运行规则,定制化编程,对数十万个控制参数进行优化组合,实现节能效率的提升。

李辉率领的深度智控，就是要挑战这套运行了数十年的系统的极限值，从中找到"实时最优解"："在空调节能领域里面，我们是唯一能够向国内外品牌，例如西门子、施耐德，提供算法产品的公司。目前，我们的主要产品能够帮国内、国外的产品系统，最高提升超过40%的系统性能，平均值也能达到20%。"

之所以能达到这种优势，一方面，与李辉近20年的技术积累密切相关，他是整个行业唯一一个摸索了"机理模型""AI"两条路，并最终选择且跑通了"AI+机理模型"路径的玩家；另一方面，则与他选择了在中国市场推动技术产品化，并在广泛场景中进行实践迭代，密不可分。

"原本我一直期待行业里能有这样的产品，但是一直都没有出现，实在等不及了，只能自己下海。"李辉说。创办深度智控前后，他详细研究了100多家美国及欧洲公司的产品和技术，整个行业来看，只有一家加拿大企业的做法、定位跟他的有点类似，但这家公司主要做的是空调的"千瓦控制"，在美国市场上，这是最容易市场化的一个方向。

深度智控则主要依托中国这个更广泛的市场，应用场景也更多，包括工业、数字中心、地铁、商业建筑等，而且能快速拓展。显然，在中国这个应用场景最丰富的市场上创业，对于使"机理框架"与AI结合的路线快速落地并产生实际效果，是最容易的。

独家领先的技术优势让深度智控可以践行一个全新的商业模式，用李辉的话说非常简单："比如说，一个项目每年要花掉100万元电费，通过我们的系统，只需要交50万元，那么，节省出来的50万元，我们就按比例分走70%。"

这种简单的商业模式和高技术门槛，给深度智控带来了非常高的人效比和毛利率，创办一年后，深度智控就实现了盈利。2022年，深度智控进行了120多个项目，合同总金额过亿元，总员工数却只有60多，公司毛利率为75%～80%。用李辉的话说："我们不跟别人竞争，我们只跟系统节能的极限竞争。希望用全球领先的产品和技术为全行业赋能。"

同样的"新动能"，还出现在农业、交通、医疗等各个传统领域。

养鹅，可谓最古老的产业之一了。不过，鹅类养殖技术一直很难进步，尤其是市场中需求旺盛、号称"鹅中劳斯莱斯"的狮头鹅的养殖，更是难上加难。由此导致的一个局面是：一家狮头鹅养殖场，看起来有价值上百万的大鹅，一场大病袭来，若不能及时处理，鹅农就能损失四成，顿时就从盈利变为倒赔几十万。

深圳大学腾讯云人工智能特色班（下文简称"深大腾班"）为汕头鹅农构建的"AI养鹅"系统，通过采集鹅的温度、体态、动作等数据，基于云端构建的AI模型，实现了让鹅农用微信小程序进行管理，7×24小时不间断监视，及时发现病鹅，控制病情蔓延，解决了数百年来狮头鹅高发病率的难题，将狮头鹅的存活率提高了30%。

"原以为是去旅游、吃鹅肉，结果发现是搅鹅屎、吃渣土……"参与项目的大学生小刘说。

在项目落地的过程中，"场景助力应用落地""应用驱动场景进化"的闭环价值真正得到体现：从在鹅粪里拉电线、安装摄像头，到追着大鹅采集图像、手工打标注，再到手把手教农户学习使用小程序，他们硬是将听起来高大上的数字化、AI，做出了比蓝翔技校还接地气的感觉。

如果说，数字化在质量、效率方面带来的提升，是当下已经发生且普通人都可以直观感受到的，那么以 AI 为代表的数字技术给实体产业带来的"新动能"，则刚刚开始，真正预示着一场新技术革命的到来。

迈瑞医疗：

八年磨一剑，"AI+器械"的中国路径

从效率提升的角度来看，大规模的 AI 阅片和人工阅片对比实验，初步证明 AI 阅片机能够显著提升阅片的准确性和效率，医生的平均阅片时间从 25～30 分钟，大幅缩短至半分钟。

从市场表现来看，AI 阅片机新产品自 2023 年上市以来，销量已经超过了过去十年，在包括意大利、西班牙的全球 400 多家医院完成装机，并受到国际客户高度认可，市场表现远优于国外同行。

这些让迈瑞医疗研发副总裁李新胜引以为傲的成绩，源自迈瑞医疗与腾讯携手研发的 AI 阅片机。双方早在 2016 年有了交流接洽，着手构思"AI+器械"的研发。历时多年，这台融入了 AI 算法的阅片机，能清晰还原细胞立体结构和细节，大大提升了阅片的准确率和整体效率，并在 2022 年成为国内体外诊断行业首个进入三类创新医疗器械特别审查程序的 AI 类产品，填补了国产空白。

初尝与腾讯深度合作的成果，李新胜对"AI+器械"的创新之路更添期待。2024 年 9 月，在腾讯全球数字生态大会上，迈瑞医疗与腾讯的合作全面升级，不仅探索把时下火热的"大模型"应用

在重症、急诊、麻醉科等医学领域，还将依托云计算、大数据、安全等核心技术，进一步与迈瑞医疗的产研体系数字化升级结合，加速医疗器械智能化、信息化产品研发迭代。

这便是迈瑞医疗与腾讯携手走过的"AI+器械"中国路径。

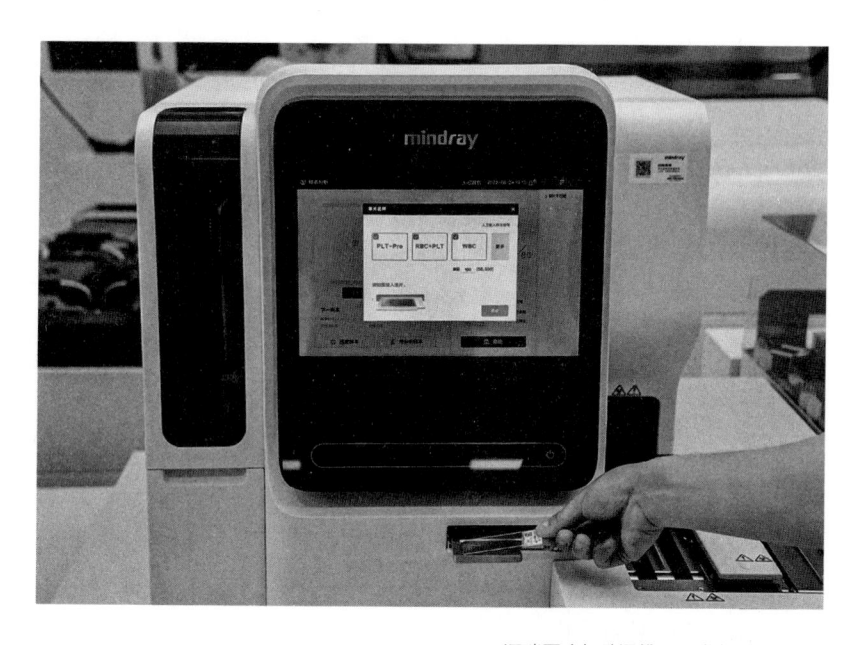

迈瑞医疗与腾讯携手研发的 AI 阅片机

长期以来，血液细胞形态分析是白血病诊断的重要环节之一。市场上并非没有辅助检查设备，只是准确率只有 80%，而对于致命性疾病，20% 的漏诊或误诊导致的是生与死的区别。另一方面，常规的血液分析仪器更多是针对血细胞计数和分类，反映的是数量变化，对于白血病这类将血细胞质量变化作为判定依据的疾病无能为力。

这也就造成了一个奇特的现象，自鲁道夫·魏尔肖使用显微镜发现了白血病170多年后，今天的很多医生仍然和老前辈一样，使用显微镜来观察病人的血液样本。然而，随着临床需求增长，标本量逐渐增加，医院检验科存在人才不足、专业训练不够的情况，导致形态学复检工作开展不理想，尤其在基层医院可能出现错检、漏检。

2016年，迈瑞医疗体外诊断事业部的副总经理叶燚和他的团队开始挑战这道世纪难题，着手研发能够分析血液细胞形态的仪器，以帮助医生增强对白血病等血液疾病的诊断能力。在研发过程中，迈瑞医疗与腾讯AI Lab团队在人工智能阅片领域找到了契合点。依托腾讯在机器学习、计算机视觉等领域的前沿算法，以及顶级研究科学家的经验和数字解决方案能力，结合迈瑞医疗在玻片处理、成像系统、集成设计、临床专家、海量数据等方面的产业势能，双方联合研发全自动外周血细胞形态学分析仪。

尤其值得一提的是，在研发过程中，迈瑞医疗携手腾讯AI Lab团队不断创新突破，申请专利117项，其中发明专利101项，24项国际PCT专利。高密度技术创新让该产品一举达到世界先进水平，填补了我国阅片机的空白。

深度参与了这个项目的迈瑞医疗体外诊断事业部总监祁欢说，这是体外诊断行业第一台应用人工智能的产品。"识别率提升到了98%，意味着我们将正确率提高了10倍，剩下的2%可以通过更多的网络互助解决，或寻求上级医生帮助。"目前，这款产品在国际市场上也受到欢迎。

医疗AI的本质在于解决临床需求，临床应用场景决定了医疗AI的未来。

临床需求决定研发方向，一波三折的 AI 技术路径

对于白血病等致命性复杂病症的临床诊断，长期以来面临"两头难"的局面：基层医生首诊误诊率高，而经验丰富的老专家过于忙碌，分配给每个患者的时间有限，也容易因疲劳等出现错误。

这是当前中国临床诊治的一个缩影，复杂程度越高、越难诊断的疾病，越是需要医疗产品的辅助，尤其是基层。

"形态学的痛点是非常确定的，我们走访了全世界两百多家医疗机构，很多都面临类似的问题，"叶燚和他的团队想要改变这样的情况，"我们知道行业有这个痛点，它没有解决就是我们的机会，我们下定决心把这个产品做到国际一流。"

在当时，从技术上来说有两条路可选。一种是从设备上下功夫，提高仪器的成像质量，或者改变检测原理，又或者从检测试剂方面想办法，凡此种种，都是为了方便肉眼更好地捕捉细胞的形态细节。另一种是从软件上做创新，利用机器智能，主要是视觉 AI 技术，辅助人眼观察细胞成像并得出提示。然而，在最开始选定技术方案的时候，叶燚和他的团队并没有考虑人工智能技术应用，尽管当时他们已经注意到了神经网络在医疗领域的应用研究。

"2013 年的时候，我们就一直在探索。那时我们虽然知道人工智能将带来很大的变化，但对人工智能能达到多高的水平没有信心，开始的时候也不觉得人工智能能如此颠覆我们的生活和医疗领域。"祁欢说。

时间来到 2016 年，谷歌的 AlphaGo 击败围棋界一众世界级高手，在全世界掀起了一股 AI 热，人们开始寻找人工智能在现实世界的真实应用场景。这次，务实的叶燚看到了把 AI 用在白血病诊

断中的可行性。

事实上，正是从 2016 年开始，大批的资本、人才和算力流向了深度学习领域。由于深度学习在图像识别领域相对成熟，AI 进入医疗场景的第一站，就是应用于医疗影像方向，特别是肺结节、糖网（糖尿病性视网膜病变）的筛查场景中。比如，卷积神经网络主要是用于处理二维图像，可对图片进行全方位的数学处理，相比复杂的心脑血管病变，AI 对肺结节等的识别会更有把握。

但如同所有刚诞生的赛道一样，庄稼总是与野草共同生长。严格来讲，当时的医疗 AI 做的只是单一病种的技术革新，甚至不能叫作辅助诊断，只能是早期筛查。也就是说，万里长征刚起步，那些为追赶风口而上马的花大价钱做出来的 AI 产品，一度被从业者质疑是"精致的玩具"，离"临床工具"都还有相当远的距离。

因此，2016 年之后的两年时间里，叶燚和他的团队与很多宣称有这方面能力的团队接触，也与其中一些展开过探索试验，但效果始终不尽如人意。如何突破？叶燚和他的团队陷入了新的瓶颈。

同样在寻找突破点的，还有腾讯 AI Lab，这个团队的主要工作就是探索 AI 在不同领域的应用可能，医疗是其中一个重点关注的领域。

从时间线上看，自 2017 年起，腾讯的 AI 技术已在肺炎、眼底多病种、结直肠息肉和宫颈癌等疾病的诊疗中得到了应用。2018 年，越来越多的 AI 企业开始瞄准上述疾病，"医疗影像版人机大战"流行起来。

比如，2018 年 6 月，安德医智公司和中国卒中学会等机构举办了一场"判读颅内肿瘤"的比赛，这成为轰动一时的事件。赛前半年，安德医智学习了北京天坛医院近 10 年接诊的神经系统疾病病例的影像，公开资料称有"数万余病例"。

比赛分为两队，医生一队，AI一队，分两轮进行：第一轮判读颅内肿瘤的CT（计算机断层扫描）、MRI（磁共振成像）影像，第二轮判读脑血管疾病的CT、MRI影像。结果是：安德医智（AI队）以分别87%、83%的准确率，领先医生队66%、63%的准确率。

因而，站在2018年的节点，腾讯AI Lab想做点不一样的。但这个团队里都是人工智能专家而非医学专家，他们并不知道还有哪些疾病急需AI的帮助。机缘巧合之下，叶燚遇到了腾讯AI Lab，在多次会晤和磋商之后达成合作，拉开了AI阅片机快速开发的序幕。

算法是基础，真正拉开差距的是数据质量和标注质量

"迈瑞医疗的优势在于机械的监测原理、成像原理和自动化，而腾讯的优势在人工智能领域，我们合作是希望把人工智能跟医学器械的结合真正落到实处。"祁欢说。双方需要很好的黏合剂。

尽管一开始就建立了充分信任、开诚布公合作的基调，但争论和摩擦仍不时有之。几年后回望，争论大多属于医学和工程的理念之争。有时甚至只是因为进入陌生行业的误解，比如迈瑞医疗的专家们不明白人工智能的"训练"是什么意思，腾讯的人工智能专家也实在无法看出细胞A和细胞B究竟有何区别。

"我们团队有一个临床工程师小姑娘，有时候她有很多数据不明白，经常找腾讯的工程师，他们互相发起'挑战'，一方出题一方解题，如此来回。"祁欢说。也正是在争论的过程中，双方的讨论和交流越发充分，慢慢形成了一种积极的沟通机制。

更大的难点来自数据层面。

获取高质量的医疗影像成为研发路上的第一道关卡。同其他行业相比，高质量的医学影像数据的获取有着天然的劣势：一方面，高质量影像数据集中在三甲医院，不同医疗机构的数据很少能够实现共享，缺乏有效的数据互通机制；另一方面，中国虽然医疗数据总量庞大，但在影像生成中受限于使用的设备、设置、剂量等的不同，其中绝大多数数据是非结构化数据，实际应用的空间有限。

幸运的是，作为国内医疗器械龙头企业，迈瑞医疗本身有着丰富的医疗影像数据积累。迈出了第一步，为了让 AI 更加"看得清"，迈瑞医疗不断想办法提高硬件的成像品质，将细胞病理特征进行清晰的展现，"在成像的质量上做了很多技术功课，否则人工智能再厉害，也分辨不出来一个人是白血病人还是正常人"。

同时，迈瑞医疗将自己积累的百万级张数的血细胞数据库开放出来，供 AI 学习训练。"迈瑞医疗有一个成熟的形态学专家临床医生团队，同时跟国内很多顶级医院和形态学专家有技术上的合作，我们将大量的数据和专家能力合在一起，形成了非常高质量的数据库，为人工智能的训练建立了很好的基础。"祁欢说。

但数据库仅仅是给 AI 学习提供了一个场所，数据标注才是让 AI 理解世界的前提，也是开发人工智能的关键一步。医疗影像的专业性要求标注者必须有医学背景，众包的方式并不适用，细胞形态学分析更是如此。所以，仅从成本上来说，获得高质量的医学图像标注的难度，就比获得医学图像更高。

即便是专业的医生，对同一张影像图片上细胞形态的鉴别也存在差异，这种细微的差异在打标签的时候就会存在"噪声"，对人工智能的开发造成影响。

"很多时候，低年资的医生在鉴别时会存在一些困难，有些在正常人眼里看起来没有区别的细胞，在形态学医生眼里就像李子与苹果这样天差地别。比如，有的预示着患有某种淋巴系统的白血病，有的仅仅意味着病毒感染导致细胞形态变化。"祁欢说。

因此，"在标注的过程中，需要确认哪些是由人的意见不统一造成的"。为了获取高质量的标注图像、消除标注中的"数据噪声"，腾讯、迈瑞医疗和华山医院牵头，联合北京301解放军总医院、华西医院、中山大学附属第一医院、广州南方医院、武汉同济医院、西安交通大学医学院等国内顶级的医院，开展合作，聚拢血液形态学领域的专家，针对血液细胞标注的标准进行了很多轮的线上线下研讨会。

"在11家顶级医院和腾讯的支持下，对于一些细胞的标注大家达成了共识，明确了细胞标注中用什么样的分离方式达成标签，来支持人工智能的开发，以保证算法训练的过程是受控的，而且能够得到权威专家的认可。"祁欢说。这是算法和医学合作相互促进的过程。

同时，腾讯AI Lab基于自己的长期积累，开发了一套探索通用人工智能的研发基础设施——腾讯"开悟"AI开放研究平台，它具有模型自动参数优化、自动架构搜索等众多AI研究的基础组件，在珍贵专家资源有限、更少数据标注的情况下，实现了最优的模型结果。

不仅如此，"开悟"平台还提供了高性能的计算优化技术，在拥有同样资源的情况下，能够大幅提升AI模型训练速度，模拟多个专家系统的复杂训练与集成流程，将算法的迭代周期从30天压缩到2天。试想一下，如果没有极强的计算技术，百万级别的数据靠人工逐个处理，费时费力自不必说，巨大的成本足以令人望而却步。

随着研究的深入，加入的人也越来越多，腾讯方面除了AI Lab，腾讯觅影团队也加入进来，迈瑞医疗方面除了自己的工程师和既有合作资源，又与腾讯联合引入了许多外部专家参与讨论和研究。

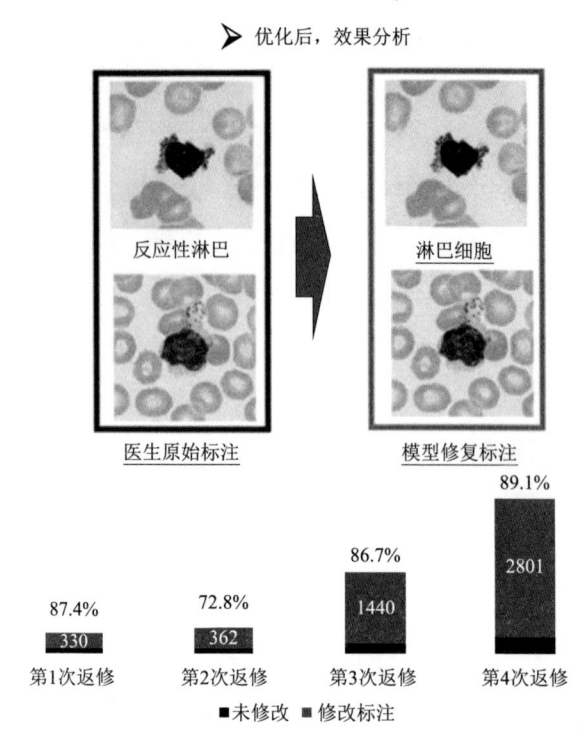

▶ 优化后，效果分析

反应性淋巴　医生原始标注　　淋巴细胞　模型修复标注

第1次返修 87.4% 330
第2次返修 72.8% 362
第3次返修 86.7% 1440
第4次返修 89.1% 2801

■ 未修改　■ 修改标注

人机交互迭代提升标注质量

2022年，在叶燚决定研发血液细胞形态分析仪6年之后，业内第一台AI阅片机问世。在腾讯AI能力的加持下，阅片机的识别率提升到了98%，比传统产品足足高出了18%。

从追随到突破，越走越实的国产化替代之路

目前，这款产品不仅在国内受到广泛认可，还已经在国际医疗领域打开了市场。

"国际上的类似产品不能很好地满足医院需求，一是识别率低，很多医生看了图像质量以后不相信结果，还要再去显微镜下看；二是速度很慢，只有我们产品的一半。"叶燚说。产品出来以后得到了国际市场的认可，帮助中国医疗产品在国际上实现了高端产品突破，打破了过去中国医疗AI仅仅是追随者的形象。

并非没有质疑，但"打铁还需自身硬，技术所产生的效益，是真正攻克顶级专家的唯一手段"。曾有一位任职国际实验血液学会血液细胞形态组组长的意大利专家到访迈瑞医疗，祁欢等人想请他评估一下产品的质量。

意大利专家看完拍的细胞片子后，第一反应是拍错了。面对质疑，迈瑞医疗在10分钟之内将显微镜、原始片子等都搬到了会议室，专家仔细对比过后，证实了产品拍摄的正确性。2021年，迈瑞医疗将一整套设备安装在了专家任职的罗马教学医院里，中国医疗AI迈出了国际化发展的关键一步。

而在国内，质疑和挑战的声音也伴随产品研发的整个过程。比如，在最开始想办法提升硬件品质的时候，就曾有专家担心国产的器部件不能满足高品质图像的要求，因为此前无论实验室还是医院都是采用的日本或德国制造的光学成像设备。

"因为我们要做一个普及的产品，所以我们给自己定的指标是一定要用国产的。"叶燚说。叶燚和团队走访了中国所有做显微镜的厂家，发现国产厂家都憋着一股劲，并且国产厂家的产品质量并不比日本和德国的差，甚至有的厂家本身就是相关企业的代工厂，这坚定了他用国产器部件的信心。

"国产厂家的产品可以基于我们的场景设计得更好，如果我们去跟一个国外的厂家沟通，他肯定不会理你，因为他是这个行业的定义者，'你凭什么跟我提需求'。"叶燚说。事实也正如此，在与国产厂家的沟通中，叶燚和团队提出了在同样视野下让局部图更清晰的需求，厂家做了定制化的设计，而最终的产品性能"远远超过了国际产品"。

AI 阅片机研发成功后，审评审批是决定它能否存在于市场的重要环节，也是切入临床应用难以回避的核心关卡。尽管在研发过程中，越来越多的专家对产品表示了极大的信心，但通过国家药品监督管理局的审查审批仍然是不可或缺的一环。

能够进入国家药品监督管理局创新医疗器械特别审查程序，意味着这是一个具有开创性的医疗器械，是市场上没有出现过的，评价标准自然也是与时俱进的。这时候，局方也组织了委员会，与企业积极沟通，腾讯觅影团队也积极参与，提供标准化样例，供行业做参照和取证。

在这个过程中，腾讯觅影将积累下来的经验，包括数据标准、数据标注工具和流程、产品规范，以及药监局注册流程等一系列内容沉淀下来，开放给迈瑞医疗。腾讯觅影是首批国家新一代人工智能开放创新平台，也是医学领域唯一一家国家级人工智能开放创新平台。它的一项重要任务，便是把腾讯在医疗 AI 方面积累的经验开放给整个行业，普惠社会。

对腾讯来说，和迈瑞这种类型的企业合作，是通过在一个极致的行业场景中，深度参与技术、产品和标准打磨，沉淀经验，最后对外开放，促进产业发展。产业价值大于单个产品或技术的价值。这与腾讯觅影所在的腾讯云与智慧产业事业群（CSIG）做实体产业"数字化助手"的定位是一脉相承的。

2021年,腾讯作为项目负责方,联合中国信息通信研究院、中国科学院深圳先进技术研究院等十家单位,启动了医疗影像国家新一代人工智能开放创新平台的建设,这是在科技部"科技创新2030——重大项目"计划下的重大攻坚项目,要完成推动国家在医疗影像人工智能领域持续技术创新、建设行业生态体系的总体目标。

目前,在腾讯觅影的开放实验平台上,70多家医疗科研单位已陆续着手自己的AI研究,涵盖近1600个科研项目,涉及8000多万张医学影像,下一个创新医疗器械可能就在其中诞生。

医疗领域+AI携手共进,向ICU里的"病魔"下战书

在每家设施完善的医院里都有这么一个高度专业化的医疗科室,用于治疗病情严重或生命垂危的患者,那里需要与时间赛跑,充满了希望和挑战——那就是重症医学科。通常说重症医学大家可能还不是特别熟悉,但你一定听过ICU。

截至2023年的数据显示,中国重症医学科床位已达到14.3万张,重症医学专业的医生超过10万人,护士人数大于30万。而近年来,随着人口老龄化趋势的持续上升,危重患者的数量预计会逐步增加。

2024年5月,国家卫生健康委等八大部门联合印发了《关于加强重症医学医疗服务能力建设的意见》(以下简称《意见》),分别从持续完善重症医学医疗服务网络、着力加强重症医学专科能力建设、有效扩充重症医学专业人才队伍、不断推进重症医学医疗服务领域改革4个方面,全面推进重症医学专科高质量发展。同一时期,党的二十大报告强调,"加强重大疫情防控救治体系和应急能力建设",这是提升重大突发公共卫生事件救治能力的重要举措,

对于维护人民生命安全和身体健康具有重要意义。

《意见》提出，到 2025 年末，全国重症医学床位达到 15 张 /10 万人，可转换重症医学床位达到 10 张 /10 万人，相关医疗机构综合 ICU 床医比达到 1∶0.8，床护比达到 1∶3。到 2027 年末，全国重症医学床位达到 18 张 /10 万人，可转换重症医学床位达到 12 张 /10 万人，重症医学医疗服务资源将有效扩容，区域布局更加均衡，专科服务能力显著提升。在国家政策重视下，重症医学医疗服务无论是在规模、设备、人员配置、治疗成功率还是面临的挑战方面，都展现出了积极且显著的发展态势。

2023 年以来，围绕 ChatGPT 的火热探讨再度点燃了市场对医疗 AI 的兴趣和热情。迈瑞医疗与腾讯的合作也在这时全面进入"大模型时代"，双方携手推进医疗器械产业的数智化，在重症、急诊、麻醉等临床领域探索人工智能的创新应用。但时代浪潮与社会需求的碰撞，让人不禁思考，大模型时代背景下，AI 又能够为重症医疗带来哪些方面的改变？

有了 AI 阅片机的珠玉在前，李新胜对新合作也充满了期待。他希望再树立一个新的标杆，为产业高质量发展提供可复制的经验，以助力整个医疗器械行业数字化转型。

秉持着相似的愿景与使命，迈瑞医疗与腾讯一致将目光投向了重症医学领域，选择将 ICU 作为落地场景，聚焦重症医学科室的刚需和痛点。李新胜说，重症医学领域作为医院里处理疾病最重的，医疗设备和医学人才最集中的地方，有以下 4 个问题。

一是医疗设备多、数据杂。即使没有亲眼见过重症病房，相信大家通过影视画面对其也有所了解，在重症病房中，每张床旁边都有用来给患者进行生命体征监测、生命支持、体外诊断等各式各样的医疗设备，每台设备所产生的数据，都需要重症医生进行处理，这就导致重症科室的医生往往面临着数据多维度和数据高复杂度的难题，在诊断上，对于医生的经验和知识要求非常高。

二是重症科室患者病情变化迅速。重症病患的每一秒都是在与"病魔"做斗争，每天医生和护士都面临大量的病程记录和护理记录，这是一项十分耗费时间、体力且让人痛苦的工作，也是医院做质量控制、质量管理的难点和痛点。

三是医患矛盾突出。根据某机构调研结果，在 20 个细分科室中，医患矛盾发生率最高的是急诊科与重症医学科，发生概率为 62.5%。不难理解，重症科室作为整个医院的最后一环，患者家属情绪敏感，承受能力尤其脆弱，如若在诊疗过程中有所失察，便可能引发医患矛盾或冲突。

四是医疗服务均质化。这也是最难以解决的一点。由于优质医疗资源集中在发达地区的大型医院，不同地区的患者纷纷前往大医院就诊，从而导致医疗资源出现了挤兑，患者对医疗资源的倾向性，使医疗资源越来越不平衡，最终回归到医疗行业的"不可能三角"——"效率"（看得上病）、"成本"（看得起病）和"质量"（看得好病）。

人工智能正在成为"不可能"的平衡点。在迈瑞医疗深耕的医疗场景中，临床诊疗质量和效率、医患满意度以及医院运营的效益是医疗行业的刚需。以此为锚点，迈瑞医疗率先与腾讯开始了在重症垂直领域大模型的探索。

来自腾讯优图实验室天衍研究中心的信息显示，腾讯混元大模型具备强大的中文创作能力、复杂语境下的逻辑推理能力以及可靠的任务执行能力。以该模型为基座，持续加入涵盖 285 万医学实体、1250万医学关系，覆盖98%医学知识的医学知识图谱和医学文献，医疗大模型进一步掌握了专业的医学知识。

这也意味着，医疗大模型已经可以被应用在包括文案生成、智能问答、病历结构化和检索、影像报告以及辅助诊断等场景，嵌入医疗环节全流程，在科室导诊、医生推荐、预问诊、医患对话、病历自动生成和智能院务客服等应用中实现医疗服务水平及质量的全面提升。

结合迈瑞医疗对重症医学领域临床场景的深刻理解，以及腾讯云医学行业大模型原生工具链等双方优势，基于生理参数、医学影像、检验、病例、护理、医嘱等数据共同建造的重症大模型，具备了"病历撰写、患者个性化信息查询、重症知识检索"三个面向重症科室的智能应用。在实践中，重症大模型可以支持使用自然语言对患者进行个体化病情查询和病历撰写，不仅显著提升了医生处理大量连续变化的临床数据的效率，而且大幅减轻了医生整理病历和病程记录的工作负担。在双方的共同努力下，重症大模型的性能不断得到提升，越来越接近临床医护人员的预期目标。

- 小结 -

需要指出的是，当技术遇到关乎生死健康的医疗时，尽管在临床应用中确有裨益，但从安全性、伦理角度，需要一个逐渐接受和渗透的过程，这决定了医疗AI的商业应用发展很难突飞猛进。

同时，迈瑞医疗八年磨一剑成就AI阅片机的故事也表明，医疗AI注定是一场需要耗费大量时间、精力以及资金的马拉松。从这个角度来看，在通用AI能力和医疗场景覆盖的广度、垂直度、数据有效性等方面，具有医疗流量与生态的巨头公司可能会成为

AI 结合医疗商业模式的载体。

大模型时代首次推出的重症大模型，用科技的力量将医护人员从重复、繁重的工作中解放出来，将医疗知识进行沉淀，把高年资医生的知识和经验积累传递给低年资医生学习掌握，促进医疗资源均质化，让医疗回归医疗本身，这无疑是迈瑞医疗在医疗大模型领域树立的新标杆。

下一步，迈瑞医疗将与腾讯继续携手对重症大模型不断优化迭代，同时希望以此为起点，在更多的临床科室领域推广重症大模型，使其成为更加契合中国未来高质量医院发展诉求的数智化工具。

2024 年 9 月，在腾讯全球数字生态大会上，迈瑞医疗与腾讯达成战略合作升级，未来双方将基于腾讯大模型的技术在医疗器械产业数字化上全面合作，探索医疗大模型的智能化应用，把 AI+ 大模型拓展到更多应用医学领域，如重症、急诊、麻醉等科室。同时，迈瑞医疗的智慧医疗业务将与腾讯云深度结合，打造国产医疗器械数字化升级标杆，并携手拓展全球市场，普及高端科技，以科技向善为使命，让更多人分享优质生命关怀。

广汽集团"数字化"：
如何实现"用户定义汽车"？

"规模化的成本优势，以及国内消费者对智能驾驶、智能座舱等先进技术的强烈需求，是中国电动汽车行业最大的驱动力。"广汽研究院副院长梁伟强在广汽工作了18年，见证了广汽的多次发展变革，不过，无论哪次，都不如过去几年他面对的挑战大。过去几年，他面对的不只是广汽的变革，还是整个汽车行业的巨变：从传统燃油车迈向下一代智能网联新能源汽车。

用"百年来的最大变革"来形容这股行业浪潮一点也不为过，无论是"汽车+互联网"还是"互联网+汽车"，背后涉及的都是技术、产品、供应链、市场的整体"跃迁"。广汽研究院承担着给广汽自主品牌赋能的职责，如果用"打补丁"的方式，哪个领域缺什么就补什么，那么效率太低、损耗巨大，用梁伟强的话说："广汽一年推几十款车，我们必须去思考，怎么样才能高效赋能研发、生产和运营，而不是打补丁一样来满足千变万化的需求。"

怎么做？从2018年开始，梁伟强作为项目负责人带领团队启动了广汽新一代电子电气架构的设计和研发工作，其中最重要的，就是解决传统车企研发中模块割裂、碎片化的问题，形成平台化、数字化、智能化一体的模式。到2023年，广汽在行业中率先量产了车云一体化集中计算式电子电气架构——星灵架构，实现了一次漂亮的"弯道超车"。

作为行业率先量产的新一代智能网联汽车架构，梁伟强将它与目前中国汽车取得的优势地位，以及接下来的智能化变革，紧密连接在了一起："可以这样理解，电子电气架构就相当于人体的神经网络和大脑，有了这样一个平台，手和脚才能得到养分、能量，汽车才能有感觉、触觉和感知，才能理解、思考、行动。我们这个架构，就像一个强大的技术底座，把车从诺基亚变成了苹果、华为，让车更智能、体系更先进。"

事实也确实如此，透进深层，不难看出，隐藏在星灵架构后面的这场数字化变革，还深入了产品体系、研发、运营管理体系，带来了一系列的变化："比如，在智能驾驶领域，除了实现功能，还有更深层次的安全责任要求，需要信息安全、功能安全及很多系统的冗余设计，这都需要改变以往的技术体系和开发流程，只有基于新的架构才能满足。"

这场变革带来的效果也显而易见。一方面，它让汽车的智能化上限更高，"它是一个底座，像打地基一样，你的地基不牢的话，就搞个两层楼就算了，如果地基够扎实、稳固，起二十层都没问题"。

另一方面，广汽集团成了国有车企中的"另类"。在国内车企"血海厮杀"的背景下，2023年度，广汽集团合并营业总收入1297亿元，同比增长17.62%。这种增长主要来自自主品牌广汽传祺和广汽埃安。产销数据显示，2023年全年，新能源品牌广汽埃安累计销售48万辆，同比增长77%，销量跻身国内新能源车前三，成为全球产销最快破百万的纯电汽车品牌；广汽传祺系列累计销量均超 40 万辆，同比增长 8.24% 和 12.12%，其中 MPV（多用途汽车）累计销量近 14 万辆，同比增长 60.9%，根据中国汽车流通协会 2023 年报告，其三年保值率达 69.26%，在自主品牌中排名第一；全系车型混动化，HEV（油电混合动力汽车）销量居国内自主 HEV 市场销量之首，并在中国 MPV 细分市场位列榜首。

革新的起点："车云一体"与"用户体验"创新

"汽车产业虽然是百年产业，但也是一个汇聚了高科技的产业，对新技术非常敏感。"2017 年，腾讯与广汽集团达成了战略合作，腾讯智慧出行副总裁李博踏上了与广汽同事们一起探索新技术的征途。他们首先要面对的是异常复杂的平衡：车企希望积极拥抱新技术，但从产品经营的角度，也需要考虑成本控制、经济效益；云、大数据、人工智能、数字生态……对车企来说，智能化、数字化升级千头万绪，从何处破局就成了关键。

梁伟强给出的破局答案是搭建新一代电子电气架构，即车云一体集中计算式电子电气架构。这与腾讯云、腾讯智慧出行同事的思考殊途同归。腾讯智慧出行副总裁李博说："腾讯从 2017 年、2018 年开始搭建汽车云平台，与广汽集团合作之后，我们一直在思考，如何结合腾讯混合云结构和公有云的诸多能力，助力广汽孵化自有的汽车云平台。"

方向确定了，下一步是目标。梁伟强将新架构平台的能力分为了 to B（面向企业）和 to C（面向消费者）两个方面，to B 是针对内部企业研发、生产、制造、销售，to C 是针对用户体验，"这个新架构，60% 支持 to B，40% 支持 to C；当然，to B 的部分，最终也是服务于用户的"。

也就是说，新架构平台的最终目标，是锚定用户体验这个唯一标准。"传统车的架构，出厂时就设定好了程序、内容，可能硬盘、CPU（中央处理器）的80%、85%被占了，很难增加新的功能，增加就会卡顿。"梁伟强说。在数字化时代，用户使用体验上有什么问题，诉求是什么，哪些地方不完善，通过数据的反馈很容易知道，但是传统架构就像诺基亚手机，优化迭代的空间有限。

如此一来，新一代架构最重要的是像智能手机一样，可以迭代扩展，在云的支持下无限拓展，就像从诺基亚到智能手机的进化。因此，"车云一体"的发展路径，成了最自然的选择，"我们的一些计算能力，可能会放在云端，也可以放在本地。本地和云之间是一个镜像的过程，改了云端的配置，就相当于改了车的配置"。

"我们通过SOA（面向服务的体系架构），将整车2000多个功能全部服务化，每个功能都成为一个服务原子，让功能可以像搭积木一样自由编排、组合，然后提供两种模式，一种是预设模板给用户挑选，一种是让用户自己来设计。"梁伟强说。基于新的架构，用户可以在图形化界面中自由编排功能组合，按了什么键或者说了什么，或者满足特定条件车就可以按需求执行功能服务。这样一来，用户能真正体验到"智能化"。

智能时代下"用户体验"的含义也发生了巨大的改变。

"打个比方来说，可以开发一个算法，当用户开启一趟旅途，行驶一段里程后，或者到了风景好的地方，车能够自动识别、拍照，当抵达终点时，车辆可以自动形成一个'旅游历程'相册，并推送到用户的手机上。这些都是可以从技术上实现的，只要明确了用户需求，花时间去开发就可以了。"梁伟强说。

第一部分 智能革命

这种体验的升级，伴随着更多技术、更多场景、更多应用和内容生态。同时，因为汽车变得更智能，用户反馈更及时，开发的工作量变得更大，软件开发需求、代码量也大大增加。过去数年，随着数字化技术越来越深入，新能源和智能化正在改变"车"的形态，"软件"在车的模块中所占比重越来越大。据统计，汽车的软件代码数量至少增加了十倍。麦肯锡在报告中预测，到 2030 年，汽车在软件和电子电气架构方面的市场规模将超过 4000 亿美元。行业普遍认为，未来将是"软件定义汽车"的时代。

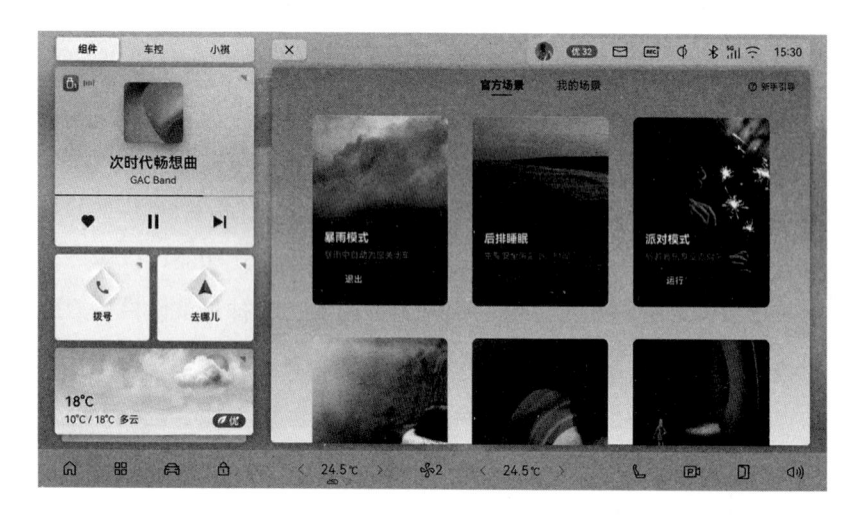

车机界面宣传图

但是，在原来各系统模块割裂的局面下，不仅车机无法支撑这种快速迭代，车企的组织、管理体系也无法支撑这种创新需求。"以前要实现一个跨系统功能，可能要一个个独立升级很多个零件，而且只要一个没升级成功，全部要重来。现在不用了，单次任务、多个部件并行升级，即刻就能实现跨系统功能。"梁伟强说。

这也正是与腾讯这种科技公司合作的价值，腾讯在 IT 互联网行业深耕了 20 多年，腾讯云在汽车领域也有众多的技术落地和产业服务经验，对用户的理解、对产业的认知很深，内容和服务生态、敏捷的流程体系，也是广汽所需要的。"双方深度合作，很多创意、策划能快速落地，提高了创新效率。"梁伟强说。

实际上，这种改变，不仅仅局限于联网、上云和交互革新，还彻底改变了研发、开发模式，以及管理、组织结构。"本质上，这不是大家所说的'软件定义汽车'，而是'用户定义汽车'。"梁伟强说。与同行相比，广汽研究院用不到同行二分之一的研发人员，支撑起集团每年几十款车型的开发、迭代工作，效率颇高。

革新的支撑：从供应链到产品、平台的创新管理体系

"以前我们的零部件，都是原有的供应商提供，但是过去几年，我们有了新需求，包括智能驾驶、智能座舱，他们都没有跟上，怎么办？要么我自己来，要么与合作伙伴一起开发。"梁伟强说。中国人对新事物强烈偏好，对新鲜事物接受是最快的，但是原有的供应商都是按照他们的步伐在走，广汽不得不采取"自研＋合作"的策略。

这种策略，无形中推高了新兴供应链伙伴的位置，而随着供应链与车企一起在创新上不断突破，实现了用户体验上的飞跃之后，差异化乃至领先性的变革，自然而然就发生了。

2023 年，中国车企实现了历史性的突破，新能源车在国内的销量，从 2014 年的不足 10 万辆跃升至突破 900 万辆，连续 9 年位居世界第一，出口量达到 120.3 万辆。在新能源车的助力下，国

产品牌车 2023 年上半年在国内市场占比首次突破了 50% 大关，同时，汽车出口总量突破 491 万辆，同比增长近 58%，继 2022 年超越德国后，再次超越日本，中国成为全球汽车出口第一大国。

在整个产业努力了几十年之后，历史性的一幕，突然就这么降临了。梁伟强并不感到意外，在他看来，这个过程在燃油车时代就在进行了。新能源时代，中国的"三电"低成本、高质量、领先性毋庸置疑，而这背后，离不开整个产业链创新体系的支撑。

"广汽一直有创新管理的基因，例如，我们把创新的业务做了一些区分，业务层面主要分技术创新、平台开发、整车项目三个领域，每年有充足的资金支持创新。"梁伟强说。

广汽自成立以来就建立了创新研发体系，不仅会对车的每个领域（如车身、电器、底盘、智联等）进行短、中、长期的规划，每年还会根据"五看三定"[①]原则进行阶段性的更新，进而确定哪些技术应该怎么发展，如何进行布局。

这种模式，更类似风险投资，在容错、试错的机制下，很多技术路线未必都能落地、都能做得非常好，但是，一旦某项技术创新取得了成果，就会进行平台开发，继而进行整车搭载。全新的"车云一体"星灵架构，就是这么演进过来的。

在这个过程中，引入互联网的理念和能力非常重要。"除了产品、平台的合作，更多是学习了互联网的一些思想，包括开发的流程中，'敏捷式+瀑布式'的开发双结合，赋能广汽的产品力。"梁伟强说。

[①] "五看"是看行业、看市场、看客户、看竞争、看自己、看机会，"三定"是定战略控制点、定目标、定策略。

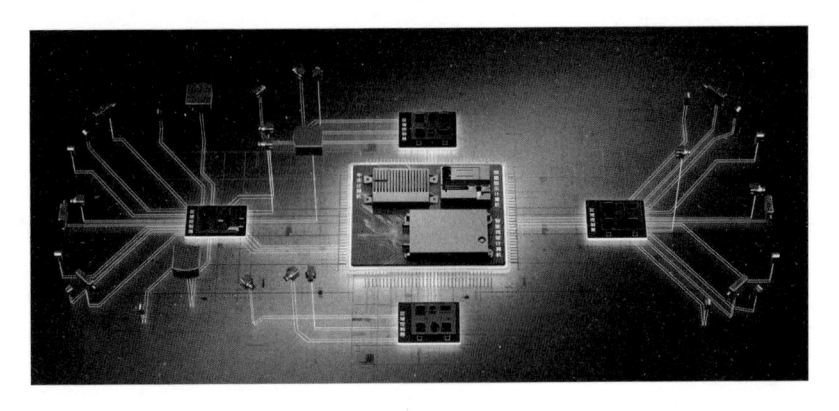

星灵架构

而在李博看来,这种相互学习的过程,他们摸索了六七年的时间,"我们去帮车企做数字化转型时,很明确地把自己定位为'助手',但是落地过程中,切入口并不好找"。

比如说,在互联网公司里,大家都习以为常的统一的用户账号(ID)体系,在车企内部则散落在各个车型、App(应用程序)上,这个梳理过程非常漫长,但又必须去做,如果不能建立统一的ID,不可能具备千人千面的个性化服务能力。

正是从这种基础功能入手,逐项梳理下来,李博发现,车企数字化是个系统过程,比如,统一的线上社区服务体系,支撑经销商服务体系、呼叫中心能力、业务运营能力、互联网运营能力等等,以及智能座舱系统OTA[①]、系统安全的能力,都需要一个一个功能、产品去打造。

"这个过程中,我们发现,从产品到平台,最后是支撑整个研发、开发体系的系统能力,也变成了落地的数字化产品或功能。"

---

① OTA 全称 over the air,即在线升级。——编者注

第一部分 智能革命

李博说。双方的团队，以前是互联网人讲互联网，车企人讲车企，很难对话，最终随着双方人员的能力成长，实现了融合，找到了默契，"看到互联网公司数字化管理方式、方法在车企里落地，是一件很奇妙的事情"。

"就是因为广汽有这么多创新的机制，我们才能在几年前开始策划，并持续投入，打造这么多产品和能力。"梁伟强说。

- 小结 -

新能源时代，广汽走在了前列。用梁伟强的话说，地处大湾区，务实进取的人文底蕴，以及技术创新的基底，让"广汽保持高效率"。也因此，广汽走出了一条智能化、数字化创新的独特路径。

过去几年，依托数字化、智能化体系，广汽的技术创新模式和研发体系，彻底从"制造业模式"跃迁至了"汽车＋互联网"模式，这也是"科技广汽"的一个重要支撑。

广汽致力于让汽车向更智慧的移动出行空间进化，以先进的电子电气架构和云平台为基础，持续赋能智能驾驶、智能座舱用户体验。近年来，通过持续不断的研发投入，广汽研究院打造了ADiGO智驾互联生态系统、广汽星灵电子电气架构、广汽魔方场景共创平台、广汽AI大模型平台等一系列具有行业引领性的创新技术。

广汽的愿景是为人类美好移动生活持续创造价值，不仅基于现在的汽车服务，还在不断利用技术赋能丰富整个出行场景。2023年年中，广汽发布的分离式飞行汽车GOVE将飞行器和汽车进行融合，将地面交通进行立体拓展，展现了广汽将智能科技应用在未来城市空中交通和立体智慧出行生态体系上的思考。

ADiGO PILOT 数据仿真平台

近年来，广汽集团与腾讯的合作也在不断深化。双方自 2017 年起，就已经建立了紧密的战略合作关系，并分别在智能座舱、智能驾驶、云平台、数字化营销、出行服务等多个领域取得重要成果。

目前，广汽与腾讯的合作还在不断升级。双方不仅牵头制定了《基于数字孪生的自动驾驶仿真测试系统技术要求》标准，还正式宣布深化战略合作，聚焦 AI 时代新发展机遇，共同打造下一代的混合云基础设施，继续支撑广汽集团在智能驾驶、智能座舱、企业数智化、出海等多个领域的云上协同创新。具体合作内容还包括打造"端云一体"自动驾驶轻地图解决方案，共建广汽集团大模型底座等。

此外，在 2024 腾讯全球数字生态大会上，腾讯集团高级执行副总裁、腾讯云与智慧产业事业群 CEO 汤道生分享到，在广汽埃安的出海"征程"中，腾讯帮助广汽埃安快速部署了面向东南亚地区的数字基础设施，并成功复制智能联网云平台，在三个月内完成了泰国市场的车联网量产落地。

此时此刻，乘坐在如祺出行的 Robotaxi 上，不禁期待，广汽在未来又会给我们带来什么样的出行惊喜。

万控智造：
云上 AI 再创业，赛道冠军"卷"价值

世界从来不缺乏机会，但只有慧眼识珠的人能发现并且抓住。

30 多年前，木晓东还是浙江乐清县的一名油漆工。当时正值改革开放初期，无数人被积压的创业热情喷薄而出，乐清的低压电器行业股份合作企业如雨后春笋般兴起，在尚未建立健全市场经济秩序的背景下，由于早期的无序竞争，这一产业因无证假冒伪劣产品泛滥而祸及全国。

1990 年，国务院办公厅史无前例地为乐清"单独发文"——《关于温州乐清县生产和销售无证、伪劣产品的调查情况及处理建议的通知》。国家七部委、省市县三级政府联合组织了近 200 人的工作组、督查组进驻乐清，进行了长达 5 个月的治理整顿。

对大多数人而言，这是一个挤泡沫的过程，此时应回避风险。然而，年仅 23 岁的木晓东却看到了机遇，他坚信随着行业的规范化发展，行业的春天一定会到来。如果打造一个以质量和服务取胜的电气行业品牌，是不是有机会在这个新兴市场中分一杯羹？

木晓东敢想敢干，当即放下已经有声有色的生意，和几个伙伴东借西凑了 6.5 万元，创办了乐清县万家控制设备厂——30 多年

后，这家公司已经成为电气机柜龙头企业，"万控"更是成了电气机柜行业的"代名词"。

而今，来到了第四次工业革命的关口，万控面临着和创立初期相似的情况：电气机柜行业参与者众多，在经济不景气的情况下，很多企业又开始"卷价格"。这一次，木晓东仍然决定"向外卷"：用数智化武装万控智造，蹚出新路子。

2022年，万控在成功上市不久后，便成立子公司万榕信息，推进数智化转型，开启又一次自我革命和创业之路。

2022年3月10日，万控在上交所主板成功上市

短短3年时间，革新之路已初见成效，如今万控智造和产业链上下游的每个环节，几乎都跑在和腾讯云一起打造的"万智云"上，并将AI大模型的能力落地到设计等核心场景，以云串联所有环节，以AI大模型激活了串联后的最大效率与创新力。正是基于

对行业的深刻理解和对技术的极致利用，万控将项目交期从30天缩短到了20天，未来还有可能更高效，甚至探索出全新的商业模式，为万控电气机柜主业的高质量发展注入新动能。

创新是万控的底色。屹立潮头30多年，在产业互联网时代"二次出发"，万控这样的选择早就有迹可循。

创业维艰，"七上宁波"

万控的成长历程，同众多浙商一样，充满了浓厚的草根色彩。刚开始，万控厂房面积不足200平方米，屋顶是用石棉瓦盖的，四周是用竹片编织的篱笆墙，外面下大雨的时候厂房里面下小雨。这样的条件下，再加上温州地处东南沿海地区，每年夏天台风过境时，万控都如临大敌。1994年，万控曾经因为浙东南沿海地区百年不遇的17号"弗雷德"超强台风袭击遭遇重创，经营岌岌可危，但令人惊叹的是全体员工没有一人因为厂里受灾而选择离开，而是不计酬劳、不分日夜、不辞劳苦地参与生产自救，在最短时间内恢复了生产经营。

万控在30多年的发展历程中多次遇到困局磨砺，但最终都一一化解，这离不开浙商崛起过程中最典型的"四千精神"：走遍千山万水、说尽千言万语、想尽千方百计、吃尽千辛万苦。这种"四千精神"成为万控披荆斩棘、攻克难关的强大动力。其中，"七上宁波"事件作为万控人津津乐道的经典案例，正是这一精神的生动体现。

1998年底，为赢得宁波某知名企业的一个订单，木晓东带领团队多次前去拜访。万控因为当时名不见经传，登门三次，客户才给"送样"机会。当时规模较小、实力逊色，因而屡遭回绝、刁难和嘲笑，但万控高层百折不挠，接受客户一次次提出的意见并组织改进送样。其中第五次送样时，客户一口气对产品提出了13条整改意见，并要求一个星期内完成——其实，客户认定万控不可能在这个时间内达到要求，提这13条意见只是一种"婉拒"，但木晓东没有放弃，回工厂后迅速组织员工在5天内完成了改进。

尽管此次改进并未完全符合客户的13条改进要求，但木晓东所展现出的坚韧不拔和执着精神深深打动了客户。随后，客户对万控工厂进行了深入考察，并认真评估了万控在产品质量控制和交付能力方面的实力。有志者事竟成，最终万控如愿获得了这笔重要的订单。

客户"苛刻"的技术、工艺、交期等要求也促进了万控的蜕变，高层意识到企业必须以市场为导向，以客户的要求驱动企业成长，万控逐渐形成了"客户第一"的理念。此后，凭借过硬的技术质量和客户服务体验，万控获得了快速发展，产品一直供不应求。截至2003年，万控的年产值已经达到1.3亿元。

万控智造股份有限公司总部

从家族企业到现代企业，信息化初见成效

木晓东不满足于只是经营一个家族企业，他要打造的是一个现代化的企业，在规模、制度和技术上都和国际接轨。当时，伴随着中国加入WTO，中国的实体经济全面融入国际经济，参与国际分工、竞争和合作，这带来了几个变化：一是中国经济快速腾飞，带来大量新的机会；二是国际视野下，中国企业需要和全球企业竞争，无论企业发展经营还是商品生产本身，都开始从"量"向"质"转变。不少企业开始引入现代化管理制度和手段，加大技术创新，以此增强产品市场竞争力，实现精细化运营。

天时、地利、人和下，万控也开启了一系列现代化之路。

首先是规模的扩张。2004年，万控开始"走出去"，布局全国，按照"贴近市场客户，就近生产服务"原则布局四方：2004年，浙江丽水的生产基地建成投产；2007年，天津北辰的生产基地建成投产；2010年，四川成都的生产基地建成投产，同年在温州经济开发区拍地规划了温州生产基地。短短几年时间，万控完成了覆盖全国的产业布局，并成长为电气机柜行业最大的制造商，也是公认的技术标杆。

其次，结合"一带一路"倡议，木晓东还将视线瞄准了国际市场，2016年，他亲自带队参加德国汉诺威工业博览会，并启动国际化发展战略。

万控不光要"做大"，还要"做强"。在规模扩张的同时，万控一直在探索企业现代化运营管理方面的策略，为了建立现代企业制度，2004年万控就大胆引进台湾的职业经理人担任CEO，导入方针目标管理，构建运营管理体系。2009年，木晓东意识到工业工

程对于现代制造业的重要性，并果断行动，在业内率先导入了精益生产，探索建立了业界领先、独具特色的小批量、多批次拉动式生产模式。同时，万控还积极引入数字化、自动化技术，在成都、丽水、天津等生产基地投资1.12亿元打造了智能制造车间和数字化工厂。

万控智能生产线

数字化也给万控带来了切实的效益，据万控智造总裁木信德透露，2010年万控成都公司600人的产值为1亿元人民币，到了2023年，由于数字化工厂带来的效率提升，同样的投入、同样的资源，产值可以达到6亿元人民币。

为了进一步提升经营效率，2012年开始，万控全面发力信息化建设，到目前为止，已形成财务ERP（资源管理系统）、PLM（产品全生命周期管理）系统、MES（制造执行系统）和OMS（订单管理系统）的高度融合，打造了具有万控特色的信息化协同平台。万控入选2021年浙江省省级新一代信息技术与制造业融合发展试点示范企业名单，2016年、2017年入选"浙江省两化融合试点企业"，通过了国家工信部两化融合管理体系认证。

在信息化建设上，万控虽然不是第一批吃螃蟹的人，但凭着果敢的投入和决心，短短几年时间实现了"弯道超车"，其信息化水平在全国输配电行业名列前茅。一系列数字化举措成效卓著，为其后来在产业互联网时代的全面数智化转型奠定了扎实的基础。

在经济快速发展的进程中，一个上升期的企业会面临各种各样的机会、诱惑，但万控并不是照单全收，在做什么和不做什么、投入什么和不投入什么上，它有自己清晰的战略判断。

2003年，万控既生产电气机柜，也生产成套设备，年产值1.3亿元左右，其中，电气机柜约占8000万元，成套设备约占5000万元。由于电气机柜的下游厂商就是成套设备厂商，公司和成套设备厂商既是供需关系又是竞争关系，存在利益冲突。面对客户隐忧，万控高层意识到企业要长远发展就绝不能与客户争利，于是做出了"砍掉成套设备业务、专注电气机柜"的重大战略决策。这个"壮士断腕"决策让万控大舍大得，自专注电气机柜领域后，它吸引了一大批成套设备厂商登门合作，通过整合资源、专注主业，万控在电气机柜细分领域快速成长，企业声名鹊起，市场占有率节节攀升并遥遥领先。

这是万控的"不为"，在"为"上，万控则是雷厉风行，果敢坚定。

产业互联网时代的"二次出发"

进入产业互联网时代,万控看到了新的机会,或者莫过于说,输配电行业一直存在的"老问题",因为产业互联网、AI 和大模型等新技术的涌现,有了解决的机会。

电气行业系统庞大,包含发电、输电、变电、配电、用电等各个环节,由于其基础设施属性,还连接着上游钢材、铜、铝等大宗商品原材料和下游各种项目相关方。纵观整个产业上的所有企业,电气产业链企业有 11.4 万家,电气机柜企业接近 300 家,做成套开关设备的企业达到 1.2 万家。成套开关设备厂商处于电气产业链中游,其核心产品电气机柜主要就是把电路集成、联通,并在此基础上加以控制和保护。在工厂车间、高楼大厦、体育场馆,甚至是大街小巷的配电设施中,都少不了电气机柜的身影。

也正是因为电气行业链条十分复杂,从甲方发起需求到设计院的蓝图设计,到最后的产品集成和交付使用,经历的所有信息流和物流都非常冗长。同时基于不同应用场景,标准和需求也会有差异,高度定制化是成套开关设备行业的核心特点之一。要满足不同产业应用场景的用电需求,意味着每个甲方需求订单都需要单独设计定制,测量、设计、画图等一系列工作都需要手工完成,设计过程涉及数千个参数,不仅工序烦琐、耗时极长,还极易出错,生产效率很低。

过去,由于缺乏产业互联的基础,企业内部的很多数字化流程都难以打通,更遑论产业上下游的连接和协同。这也使得从业者不得不耐着性子一次又一次地重复那些冗长、繁复而实际上又没有太多技术含量的工作。

有行业人士表示，如果一个项目交付工期是 14 天，那么前端设计环节可能就占了 7～8 天。这个行业里面有五六万个工程师，他们每天都在看图纸、消化方案、思考元器件，然后画图，出设计方案。

总体来看，电气行业是一个行业密切协同的产业。面对五花八门的个性化需求，企业必须具备柔性的定制化能力。但目前，整个行业的交付过程基本上还是以最传统的方式完成。此外，电气行业工程师的从业门槛极高，培养周期也相当长，尤其是在成套开关设备行业，不同厂家制造的零部件规格都不相同，这就意味着工程师必须对各种现存的标准规范都有了解，需要学习的标准多达数百份，而一份标准的内容就有几百页之多，因此优秀人才的短缺、人才能力的培养一直是电气行业企业的共同痛点。

万控凭借在电气行业的深厚积累，对客户需求有深刻理解。随着新技术的不断涌现，基于在信息化和自动化领域的成功经验，他们萌生了一个大胆构想：将企业的创新经验和数字化管理手段分享给行业伙伴，旨在构建一个跨企业的协同平台，去链接客户等行业伙伴，以减少重复造轮子的工作，让这个行业的生产效率和协作水平更高。

木信德深知，作为一家传统制造业企业，万控对于产业互联网的新技术并没有天然优势，"每一步都是摸着石头过河"，因此，选择一个既精通数字化技术又了解电气行业需求，且具备丰富产业互联网经验的合作伙伴，对于产业协同平台的成功至关重要。

经历了半年的调研，木信德接触了六七家供应商，最后和腾讯云交流完，心里有底了。"我们本来对腾讯的印象还是 to C 的企业，交流下来才知道它的工业板块做得这么强，不管是对于工业行业的理解，还是工业技术专业能力、团队的专业能力，以及过往的产业互联网实践，腾讯是以全产业链的视角来看待这件事情。一聊下来我们马上觉得'对了'，就是腾讯了。"万控智造总裁木信德表示。

万控是带着明确的场景需求去找合作伙伴，但他们从腾讯云这里得到了预期之外的收获。例如，万控原本并不知道困扰电气行业的重复绘图难题可以通过OCR（光学字符识别）大模型方式解决，而其实腾讯云的这一技术早已帮助很多企业用户解决了类似的问题——如帮助一些政企平台、医院解决了沉积在库房几十年的档案、文件，帮他们把这些宝贵但同样令人头疼的资料完成数字化、结构化，变成真正可以用的数据资产。

实际上，腾讯云在万智云中不仅仅是一个"技术实施方"的角色，而是共创者，依托于在传统行业尤其是制造行业的大量落地案例和经验，腾讯云团队给万智云带来了更开阔的视野和更多构想。

万控总裁木信德在腾讯产业科技大会演讲

就这样，万控和腾讯云——一个是产业的"行家"，一个是解决方案的"专家"——双向奔赴。2022年，万榕信息诞生了，目的是构建一个打通上下游产业链的电气产业互联网协同平台。这个平台致力于发展四个维度的能力：第一个是以数据为核心打造行业方案中心，例如用OCR等新技术缩短研发设计环节的时间，解决"五六万个工程师每天都在看图纸、消化方案"的设计效率低的问题，以及用AI大模型推动知识沉淀和人才培养，解决电气行业工程师门槛极高、培养周期长等问题；第二个是将线下的订单交易线上化，实现以订单履约为中心的全流程互联协同；第三个是整合行业的配套厂商，实现共享制造；第四个是通过SaaS（软件即服务）化的工具软件或者数字化应用方案，帮助电气行业实现数字化转型升级。

"四个核心的部分就通过一阶段、二阶段的不同产品去拉通，中长短、点线面地推动"，木信德表示，循序渐进，最终面向整个电气行业，在需求、设计、制造、交付等各环节，进一步降低交易成本、人工成本、融资成本，提升产业链运转效率。

目前，在第一阶段、第二阶段，万榕信息初步有了一些成效。例如，对于困扰电气行业的方案设计阶段工序烦琐、耗时极长问题，基于腾讯云OCR大模型，高效精准地将数以万计且风格不一的电气机柜设计方案图纸标准化提取，并录入数据库，形成高质量的模型训练数据；经过大量的标注和训练，工程师输入相关设计参数后，只需要4个小时，就能输出一份可以投入生产交付的初稿图纸，并且可以通过匹配系统中相似的最佳方案来确认方案的可信度。

"设计图和结构方案图、组装模型都是自动生成的，我们把数字化仿真做到了1∶1，目前铜排已经做了数字化仿真，未来柜体也可以，客户在线上确认三维模型就可以输出最终的BOM（物料清单），包括每个方案的铜排规格、净重、毛重。客户看到我们这个都很惊讶，他们以往接单的时候铜排都是估的，实际结算也是按估计的数量结算。通过数字化仿真，我们平台可以帮客户把铜排用量精确到小数点。"木信德介绍道。

平台通过这些方式大大降低了方案设计阶段耗费的时间和精力，把项目交期从30天缩短到20天，未来还能压缩到更短。

在产业协同方面，以万控供应港珠澳大桥项目的800台电气机柜订单为例，在短时间内要实现同期交付，一个工厂是很难做到的，但是万控能够同时调度丽水、天津、成都工厂的产能，并利用数字系统保证产线、产品标准、加工工艺等的高度一致性，最终如期交付产品。木信德相信，当这一平台被更多企业使用，未来一个订单10多个工厂协同制造将成为现实。

对于电气工程师培养周期长的问题，万榕信息和腾讯云联合推出了"榕博士"问答大模型，结合了腾讯云精调行业大模型、知识引擎和万榕信息的海量行业知识，在后台训练了1000多种标准的相关问答，经测试，大模型回答的准确率超过92%。任何一个新手都能够以这种方式快速上手业务，培训周期大幅缩短的同时，在一定程度上解决了电气行业人才紧缺的燃眉之急。

目前，万榕信息的产业互联网平台引入了50多家企业用户，木信德把他们称为"天使用户"，他们不仅是平台的用户，也是编外的平台"产品经理"和"体验官"。

最初在成立万榕信息准备探索产业平台时，也有人表示不理解，甚至有质疑的声音，但万榕信息坚持了下来。一方面，木信德认为，在这个日新月异、飞速发展的时代，创新是企业常青的必要条件，也是必然趋势，短期的不适应、不理解为的是以后更长远的发展；另一方面，万控是实干派，他们不会单纯为了创新而去创新，在决定要做这件事之前，他们有明确的"钉子"，而任何信息化的手段，不管是云计算、AI还是大模型，都是为这些钉子服务的"锤子"。

万控展厅（产品区）

"推进数智化转型，最关键的是要明确业务需求，并使用最契合的数智化技术，最终插上数字化翅膀，实现企业新的腾飞。"木信德表示。

2024年5月，为加快形成新质生产力，重塑温州制造业核心竞争力，温州市经济和信息化局牵头各产业链链办编制了《温州市新型工业化规划》，拟定了温州下一步制造业高质量发展的思路，明确表示"坚持制造业立市、强市、兴市、富民不动摇","以高端化、智能化、绿色化、融合化为方向",加快建设在全球有竞争力的先进制造业基地。

作为温州乐清第一家被工信部认定的"制造业单项冠军示范企业",万控是温州"质量强市""品牌强市"的优秀代表,在新发展阶段,万控的命运又一次和温州的命运交织在一起。"纵观万控和温州民营经济的发展历程,我们会发现两条发展曲线高度吻合,万控从'小作坊'起家成为单项冠军,温州从最早的'鸡毛换糖'成为民营经济发祥地。如今在新质生产力发展背景下,双方都站在了'二次创业'的路口,而创新始终是包含万控在内的广大温商行稳致远的最稳定内核。"木信德如是说。

- 小结 -

浙商是当代中国最具辨识度的创业群体,是中国商业社会当之无愧的"弄潮儿",面对每一次社会变革的窗口,他们都能精准地把握住时代脉搏,展现出过人的商业智慧和勇气。30多年前,借助改革开放的东风,万控从温州乐清一个不足200平方米的石棉瓦房起家,筚路蓝缕,历经30多年的发展,一路成长为年营收超过20亿元人民币并成功上市的行业领军企业。如今,在数字化和产业互联网浪潮涌起的关口,万控又"二次出发"。

每个企业的基业长青都离不开天时、地利、人和:一方面,万控能敏锐地识别并抓住市场机会,不论是改革开放的东风,还是这一轮产业数字化的浪潮;另一方面,有果敢的勇气,不管是创业过程的各种抉择、取舍,还是力排众议做一个被人误以为"不务正业"的万智云。

但是从根本上，万控是一家以创新为底色的企业，"客户第一"的理念，让他们不断突破自己的天花板，向外"卷"、精益求精，这才有了产业互联网时代万控和腾讯云的双向奔赴。

"我是喜欢'卷'的，但我喜欢卷价值，而不是卷价格。'无底线地卷'与'以次充好地卷'会破坏行业秩序，但卷技术、卷服务、卷价值，卷的过程中相互促进，实际上能让用户得到更好的体验，这样的卷是创新的推动力。"在谈及对"卷"的理解时，木信德这样说道。

万智云虽然刚刚"出道"，但是它已经展现了在产业互联协同、云工厂共享制造方面的巨大潜力。下一步，万榕信息会将这些能力复用到整个电气行业，该平台将覆盖国内重点区域近千家行业相关企业，从需求、设计、制造、交付等各个环节，助力产业链企业实现降本、提质和增效。

深度智控：
以"机理+AI"构建"节能"新动力

"我们不跟别人竞争，我们只跟系统节能的极限竞争，希望用全球领先的产品和技术为全行业赋能，包括把算法产品提供给品牌公司，成为他们解决方案的一部分。"典型的"技术人"，深度智控创始人、CEO李辉如是说。

节能行业的人都知道，大型机电能源系统，特别是空调与空压系统的运行能耗，常常占到工业与建筑能耗的30%～50%。长久以来，这套系统的运行优化，99%依靠专家的经验，即通过制定一套规则、一条路线，定制化编程，对数十万个控制参数进行优化组合，从而提升节能效率。

李辉率领的深度智控，就是要挑战这套运行了数十年的系统的极限值，从中找到"实时最优解"："在空调节能领域里面，我们是唯一能够向国内外品牌，例如西门子、施耐德，提供算法产品的公司。目前，我们的主要产品能够帮国内、国外的产品系统，最高提升超过40%的性能，平均值也能达到20%。"例如国家超级计算中心应用了深度智控的产品后，系统年节电24%，年节电量超过400万千瓦时，年PUE（数据中心总耗电量与信息设备耗电量的比值）

从 1.28 降到 1.21。

通过这种极限对比,深度智控的商业模式也顺理成章,从提升的节能效率中"抠出属于自己的利润":"比如说,一个项目每年要花掉 100 万元电费,通过我们的系统,只需要交 50 万元,那么,节省出来的 50 万元,我们就按比例分走 70%。"

用相声界的话说,这是典型的"平地抠饼"营生:生生地从不存在的市场中,创造一个属于自己的"蓝海"。但是,就是凭借这样一个简单粗暴的商业模式,深度智控成立短短一年后,就实现了盈利。

这背后,隐藏着的是深度智控通过高技术门槛,带来了高客单价和高毛利。"2022 年,公司只有 60 多个人,通过我们的 PaaS(平台即服务)、SaaS 平台以及技术,我们服务了 120 多个项目,订单合同过亿元,毛利率超过 80%。"李辉说。

"机理模型"撞上 AI,一波三折的创新节能之路

工业和建筑领域空调系统的运转,最大的特点是系统内部会互相影响,例如,调整某个系统的时候,系统内部设备会增加,导致的结果就是,在满足同一个末端需求的情况下,系统里会有无数个组合,或者说,会产生无数个"路线",即使把所有参数解构完成,也有几万甚至几十万条路线。

"我们需要从几十万条路线里面找出一条真正的路线图来。"李辉说。目前行业 99% 是依靠人工经验来做,他们则希望通过数据的方式,找到一条最优路线,让系统更高效、更节能地运行。

基于"数据"的方式,深度智控天然地链接上了当下最热门的

人工智能概念，这让它从起点开始，技术门槛就非常高。

说起建立技术门槛，过去几年，从芯片到操作系统，从元宇宙到 web3.0，从 AI 大模型到多模态，各种高大上、酷炫的词语及概念，充塞于媒体和网络。不过，真正要建立起技术门槛，没有捷径可走，李辉用了十几年。

"刚开始，我们在美国做达拉斯国际机场项目的时候，用的是纯粹的'机理模型'。那个项目，4 个博士花了大半年的时间，才做出一个系统模型。"1980 年出生的李辉，其"节能"事业起步于 2008 年，该时点大体上与德国西门子、美国一些研究所的研究时间相同。

今日看来，这个系统模型的误差较大，相比深度智控目前运行的系统，有 5%～6% 的误差。但如果回到 2008 年来看，这是全球首个在如此巨大的真实环境中，通过物理模型构建系统框架，并且实现了较原来更好系统效果的项目。最终，该项目获得了"美国国家能效奖"。

不过，获奖之后，李辉发现，这个项目根本没法推广。"四个高级人员做了大半年时间，才做出了一个相对很优秀的系统模型框架，这也意味着，想要推广这个模式，成本太高了，如果控制成本，就必须做很多简化，那又很难把精度做到很高。"

"做机理模型意味着，我们要对每个设备的性能进行'表达式'的刻画，就像临摹一样，把设备本来就有的特征描画出来，保留集合的特征。"李辉说。这如同在描摹一个人的时候，他的鼻子、耳朵等都要保留，代表其本身的系统特性，如此一来，这个设备在什么情况下会有什么样的表现，比如能效、能耗等，就会清晰呈现出来。

"通过构建设备的集体框架，也就是系统建模，可以在一个客观环境，或者仿真环境中，实时推算设备的各项数据，进而建立一个如同'上帝之眼'的视角，远程就可以知道不同环境下，每个设备的运行情况。"李辉说。

这种模式，别说放到十几年前，哪怕是数字化已经深度发展了多年的今天，依旧很难做到。

"想要基于这种模型来做，花的时间多，工作量非常大。"李辉说，构建纯粹的物理模型工作量非常大，比如说，空调设备看起来很简单，但是构建物理模型可能需要十几个表达式，表达式里面有各种各样的系数，而且，这些系数只是在实验环境里面获得的，在实际项目里面很难找到。

面对机理模型这个技术路线的弊病，李辉很快开始尝试另一条技术路线，也就是人工智能。

"那个时候还不叫 AI，叫神经网络。"为了更快普适性地推广这种技术、产品，李辉想到了用神经网络的方式。当时，硅谷的一些公司也在做类似的尝试，但是，李辉和团队经过长时间的探索、实践，发现神经网络最大的问题是不具备物理概念，非常容易发散，得出的结果很不可靠。

"我们发现，这种做法很难在大的系统里面实现高精度的预测，也很难在项目里面找到符合物理意义的预设点，所以，我们最终 pass（排除）了纯 AI 的方式。"李辉说。

如何突围？李辉又开始思考其他路径。

长期以来，整个行业里，构建节能算法平台的核心模块，通常有三种方式。"第一种是专家经验，第二种是设计公告。这两种属于市场上的主流，95% 以上都是，它们在大的方向上有一些效果，但是没法找到最优点，只能依靠经验感觉，也没法验证。"李辉说。

第三种方式就是 AI 的模式，华为、谷歌等公司做系统优化的时候，就是采用这种方式。"这种方式，像盲人摸象一样，根据数据感知特性，摸到哪里算哪里，只能被动地基于摸到的数字信息情况，找到被动的点。"李辉说。

从行业实践来说，在目前的工厂、数据中心、建筑系统中，语言控制系统都比较完整，比如，传感器采集数据，控制器控制设备运行，变频机控制设备减速，等等，这一整套系统本身是可以正常运行的，包括能够根据设定的目标基于一套规则来运转。打个比方，目前室外温度是 35 摄氏度，要将室内温度控制在 26 摄氏度，只需要基于设定好的一种参数组合来运行。

前面三种方式，都可以实现这个目标：设计一套运行规则来运转。但是，这套运转的规则，只是几十万种组合中的一种，也就是说，系统层面的改进、控制算法的优化，更多是在经验层面做更好的设定，实现一个基础效果。

"好坏与否，取决于经验，是否属于最优解，也很难获知。"深度智控怎么走？最终，李辉选择了一条新的路径，将研究了多年的机理框架与 AI 算法组合在一起。

"我们是怎么结合的？因为我们专门做机理模型，所以知道怎么去给每个设备构建'表达式'，如此一来，相当于建立了合规体系，通过表达式来约束、合规，然后，在进行数据回顾之前，会告诉你数据回顾的内涵，是内函数还是指数函数，所以回顾的时候会按照框架，而不是像个黑匣子，随便发散。"李辉说。

这种做法，相当于在进行 AI 训练之前就告诉 AI，在训练时要按照什么样的框架训练，而不是随意训练，以此来保证 AI 训练的结果，让 AI 能够按照物理框架运行，符合物理意义。

"虽然都是基于采集来的数据和信息，但是，我们会在框架之内构建系统模型，相当于会先告诉 AI，这是一头大象，本身是有结构特征的，有鼻子、眼睛，身体各个部分之间大概是什么样的结构关系。"李辉说。

不过，这么做虽路径可行，但是具体实践中，同样面临一个核心的难题亟待解决，那就是怎么让重构出来的设备层级的机理框架，既适合 AI 经验、训练 AI，又可以广泛用于实际项目。

"这就是我们的核心技术。"这也是李辉自信的地方。发展到目前，深度智控的物理模型已经不只是简单搭建"物理模型"，而是基于物理模型重构，把每个设备模型误差控制在 3% 以内，并且变成可用于 AI 训练的方式，把所有系统的可能性算一遍。用李辉的话说，"这种做法，相当于在一个仿真的房子里面，把所有可能性算一遍，找到最优的路线"。

"在这方面，哪怕是到最近几年，真正用于实践的项目也非常少。"李辉说，一路走过来，看起来行业应用在增加，但真正用起来，有效果的很少，"在整个行业里面，稍微有一点研究进展，就会发文章，所以大家的进展彼此也很清楚"。

横亘在李辉面前的难题，同样阻拦了德国、美国等其他国家团队的进度。2008 年同时起步的项目团队很多，例如德国西门子团队和美国的一些研究院所，都试图基于类似的算法研究取得突破，其中不少成员还是李辉的师弟师妹。

"例如西门子，他们也不只是在实验室里面获得理论模型研究，还结合了设备机理模型的研究，通过把机理模型重构出来，再加上 AI 算法的研究，结合实践。"李辉说。截至 2022 年，这些团队的产品，还停留在做工具平台阶段，只能用于咨询评估、前期评估，没办法真正应用到产品的控制系统并产生效果，"这就是为什么西门子要用我们的产品"。

应用场景驱动，原生技术快速落地开花

"原本我一直期待行业里能有这样的产品，但是一直都没有出现，实在等不及了，只能自己下海。"李辉说。前文提到，创办深度智控前后，李辉详细研究了100多家美国、欧洲公司的产品和技术，整个行业来说，只有一家加拿大企业的做法、定位跟他的有点类似，但这家公司主要是做空调的"千瓦控制"，在美国市场上，这是最容易市场化的方向。

深度智控则主要依托中国这一更广阔的市场，应用场景也更多，包括工业领域、数字中心、地铁、商业建筑等，应用非常广泛，而且能快速拓展。显然，在中国这个应用场景最丰富的市场上创业，对于快速推动机理框架与AI结合的路线落地并产生实际效果，是最容易的。

几年后回望，李辉觉得自己的选择非常正确，对的选择于创业而言有非常重要的作用，其中，最核心的就是良好的创业氛围，以及在场景中推动原生技术变成可用的产品。在李辉看来，大量原生技术虽诞生在美国，但最终都是在中国快速开花结果，原因也在于此。

"我们做过国内、国外很多课题，也拿了很多国际奖项，比如2021年，我们参加中国创新创业大赛，在节能环保赛道中，面对几千家公司，拿到了全国第一。"李辉说。国内的创业氛围与美国有天壤之别。

自从回国创业，李辉一天的工作强度相当于其在美国时四五天的。"在美国的时候，工作节奏是朝九晚四，早上9点到下午4点，回国之后是朝七晚二，早上7点到夜里2点。"李辉说。虽然妻子和小孩还在伯克利，但是各种因素交织，最长的时候，他一年多都没有去与家人会面。

李辉说，妻子很难理解在国内为什么会这么忙，因为两边的环境差异很大，"美国更奖励原生技术，让大家可以天马行空，耐心地按照兴趣去做一些研究，这非常有利于基础技术的发展"。

"在美国的国家实验室，我主要干自己愿意干的事，也不一定要带学生，有时候会安逸到失眠，而且，你在实验室工作是不需要退休的，很多老爷爷，干到七八十岁还在那里，我仿佛都能看到自己七八十岁的样子。而现在，我一天要见6~8批客户，有时甚至更多。"李辉开玩笑说。除了更忙碌，还有巨大的心理落差，在美国，自己是别人仰视的科学家，别人会用专业的眼光来看你；创业之后，自己是个底层的创业者，不管客户职位高低、合同金额大小，都要服务好，"包括为了某些项目，需要去见一些工程师，他们可能都理解不了我的项目，但是我依旧要做好产品的介绍，还需要不厌其烦地、充满耐心地给他们讲解，让他们理解透彻"。

李辉说，很多时候，辛苦和压力并不是源于创新本身，反而是源于角色的转变，属于一种结构性的变化，经常要顶上去做一些实际价值不高的事情，"也经常质疑自己到底在图什么，做得这么辛苦，还要做这么多价值感不高的事情，但是为了企业更好运转，又不得不去做"。

"回过头想，现在一天的工作量等于在美国四五天的，相当于，在时间里面扩展深度，每天都在不断地思考、迭代，不断地成长,意义又产生了!"也正是在这种持续快节奏、高强度的竞争中,李辉将自己的构想,快速地落地到了工业、数据中心、地铁等领域,并且实实在在地服务起了这些领域的头部客户,如工业领域的京东方、宁德时代、长城汽车,数据中心领域的腾讯数据中心、国家超级计算中心等。

"在服务客户过程中,原生技术逐渐演化成了三大核心产品,完整地构成了深度智控的工业服务体系。"李辉说。

三大产品中,底层是在现场进行数据采集、对接、控制输出的 AI 服务器产品 DeepBox;中间层是一个可以开放给行业的算法平台 DeepLogic,客户以及西门子这类产业链上的 B 端企业,可以在平台上配置、开发、优化算法和策略;在这之上,是客户可以构建各种表单、组件、图形和功能的功能模块平台 DeepSight。

"这三个产品,都是通过 PaaS+SaaS 的方式,为客户提供解决方案。"李辉说,因为设备对象特征是相同的,所以这套产品体系可以映射到 N 个行业,因此,在部署、管理、优化上,都可以实现高度智能化。

在部署上,这套产品体系几乎可以做到"即插即用":首先,现场根据服务器平台机型进行对接;然后,根据 SaaS 平台做数字的处理、运作、调度和模型鉴定;最后,通过可视化的组态和配置,提供核心组件、联动、诊断等各式各样的功能。

在管理上,这套产品体系可以实现设备层级的性能和预测,且预测误差绝大部分项目控制在 3% 以内(2021 年整体项目误差不到 2%)。这种高精度模型,能够做到对设备语言无异议,如此一来,就不需要人为干预、人为值守,就能够找到最优运行路线。

"一般 AI 算法需要模型,所以很多时候需要做一些物理结构,这就需要人来干预。我们是不需要干预的，只需要控制。"李辉说。

这种部署和管理方案，让深度智控的产品交付、部署周期，平均只需要两到三周，而且，在部署完成后，它不需要提供驻检服务，只要两个月进行一次巡检即可。这给深度智控带来了非常高的人效比和毛利率。2022年，深度智控进行了120多个项目，总合同金额接近1.4亿元人民币，总人数却只有60多个，公司毛利率差不多有80%。

除此之外，在优化上，这套产品体系可以实现系统层级的优化，相当于说，将所有系统可能性都算一遍，从几万到几十万个的组合中，找出最优解。

"理论上，我们是能够去逼近系统极限的，但是模型本身有误差，我们能够在模型范围内逼近系统极限。"李辉说。

不仅如此，这种极限还可以快速验证，比如，用户想知道目前运行的是不是最优解，很简单，马上调整后置参数，或者切换到原有的系统上，再或者，切换到自己设计的方式去运行，三到五分钟之后，就能看出实际运行效果的差异，进而知道运算系统是不是最优解。

这给了深度智控一条独特的商业变现路径：基于改造之前的数值，例如改造前一年或者两到三年的均值，计算出节省了多少钱，按照项目分成，通过大客户达成合作的项目分的少一点，一般直接接触的客户，则分到60%~70%。

"比方说，你去年用了1000千瓦时电，今年做完切换，大概只用了900千瓦时，100千瓦时是我给你节能优化出来的，那我就根据比例按照季度来收钱。"李辉说，这种方式还有另一个好处，就是复购率很高，几乎所有项目都有复购，例如跟招商局的合作，已经运行了三年，节能效果基本上每年都稳定在23%～24%。

这也意味着，公司的收入非常稳定。

但是，这显然还不够。为了让销售过程更加省力、更加高效，李辉还将系统的仿真功能用到了极致，"做项目之前，我们会让用户把实际运行数字发过来，先在仿真系统里面运行一遍，这样就能看到系统总量、能耗、系统能效的变化，然后，我们就可以告诉用户，用了我们的系统之后，设备按照最优设置运行的话，能够达到多少的节能率、节能比例"。

"对我们用户来说这是比较容易理解的一个过程。"李辉说。从目前的实践来看，一般通过仿真之后，能够达到21%的检验率，拿到现场对接、部署，系统运行起来之后，实际效果有22%～28%，这就是最优的运行效果。

这也是深度智控几乎没有销售人员的原因。当然，李辉也不希望公司过多关注销售的事情，而是要更多聚焦到技术和产品突破上，这是他创业的初衷。

"创业之前，我们等了十几年，一直没有比较好的产品出来，所以我们只能自己出来做，希望能用我们的技术和产品，推动行业的进步。"李辉说，"我的家人在美国，就我一个人回来，但是，我觉得，人的生命只有一次，不想以后后悔，还是要做自己应该做的事情，做一件让自己不会后悔的事情，哪怕十几二十年之后，也许这个产品和技术不算稀有了，至少，我们也推动了行业的进步。"

面向未来，李辉思考得也很清晰，一方面，深度智控的定位很清楚，只跟系统极限竞争，不会看同行做得好不好，"我们跟同行都是合作关系，我会把项目收取的费用定得很低，把利润留给合作伙伴"。

另一方面，他们希望把产品的部署、调试，从三周缩短到 3 天再到 1 天，同时降低技术门槛，让渠道方、代理商在培训之后，拿着产品自己就可以去做配置、调试，"这样的话，我们自己就不进项目了，代理商、渠道商做了项目，能拿较高的分成，比如 100 万的项目分到 20 万"。

- 小结 -

李辉给深度智控定下的远景很清晰："做世界深度能效智控领域的核'芯'产品，为工业与建筑节能行业赋能，为中国降低 2% 的碳排放。"这高度契合了国家的"双碳"政策。

为什么李辉能在深度节能、物联智控领域走在世界的技术前沿？

深度智控按照"机理框架 + 数据驱动"的思路，先对系统设备进行高精度仿真建模与预测，基于实时的空调负荷，在仿真环境中计算出此刻数十万种运行组合各自对应的系统能耗，找到能耗最低的控制参数，并将它下发到设备控制器中，实现系统实时最优运行。

简单地说，深度智控的产品，好像是给机电能源系统安装了一个实时优化计算的智能大脑，用 AI 做节能。产品非常轻量化，即插即用，与原有自控系统一键切换，几分钟内用户就能直观看到切换前后系统能耗、能效的对比变化。

截至目前，深度智控已经服务了国家超级计算机中心、宁德时代、京东方、腾讯、长城汽车等 100 多个项目。此外，作为腾讯云启创新生态的伙伴之一，深度智控与腾讯合作紧密，在智慧工业、智慧交通、智慧地产等方面推出了新的数字化节能解决方案。

　　李辉透露，现在腾讯跟深度智控主要在两个层面推进合作。一是资源对接方面，技术和产品研发能够快速推进，主要在于资源打通，包括行业优势资源、客户资源等，客户的体验和反馈反过来能够帮助深度智控快速优化产品。二是解决方案的联合开发，双方正在推动把深度智控与腾讯云的工业解决方案进行结合，"把我们的产品跟现有的解决方案结合在一起，成为更加综合、有价值的解决方案。现在我们正在组建一个研发小组，叫特别攻关小组，主要针对工业，特别是新能源行业做两个解决方案，以形成良性产品系统的方式"。

深大腾班 AI 养鹅养鸡：

创收才是硬道理

俗话讲："家财万贯，带毛的不算。"狮头鹅就是这样的：一家狮头鹅养殖场，看起来价值上百万，一场大病，若不能及时处理，鹅能损失四成，养殖场也顿时就从盈利变为倒赔几十万。

怎么办？深大腾班为汕头鹅农构建的"AI 养鹅"系统，通过采集鹅的温度、体态、动作等，基于云端构建的 AI 模型，实现了让鹅农用微信小程序进行管理，实现 7×24 小时无缝监视，随时收到预警，及时发现"病"鹅（特指体征异常的鹅，下同），控制病情蔓延，解决数百年来狮头鹅高发病率的难题，将狮头鹅的存活率提升了 30%。

如前文所述，做这件事情十分难，不过，在实实在在的营收、利润面前，深大腾班立志将这条路走下去，并提出了一个口号："AI 不止步，大鹅我守护！"

"鹅肉好吃鹅难养"："世界鹅王"高病死难题

汕头市澄海区是国家级畜禽遗传资源保护品种"澄海狮头鹅"

保种育种最大基地，也是广东省狮头鹅的最大产区。

根据汕头方志记载，作为汕头农业品牌的门面，狮头鹅的民间养殖历史在潮汕地区已有300多年，最早可追溯到明朝嘉靖年间。狮头鹅由饶平浮滨溪楼村人驯化大型野鹅而来，后被引入原澄海县月浦乡。

而澄海狮头鹅是1959年广东省澄海种鹅场（今汕头市白沙禽畜原种研究所的前身）对原产于饶平溪楼村的狮头鹅进行提纯复壮所育而成。其头大眼小，头部顶端和两侧有较大黑肉瘤，随着年龄增大，肉瘤形似狮头，故得名"狮头鹅"。

澄海狮头鹅成年公鹅体重10～13公斤，母鹅则为9～10公斤，是普通鹅的2～3倍，也是世界最大的鹅品种，有"世界鹅王"的美称。目前在汕头市澄海区，有上千家农户参与狮头鹅的养殖。

金书涛就是澄海的一名狮头鹅鹅农。2017年大学毕业后，金书涛没有选择留在广州工作，而是回到老家澄海从事狮头鹅的养殖。据金书涛介绍，他当时做出这个决定，是看到了澄海狮头鹅的发展势头。

2014年，随着澄海狮头鹅走出潮汕地区，在广东甚至全国都打出了知名度，澄海本地的狮头鹅产业开始了规模化经营。很多村镇形成了合作社，纵向打造育苗、养殖、兽医兽药、屠宰、卤制加工、销售渠道搭建的全产业链发展体系。而且各个环节都开始规模化发展，从最早零散的小型养殖场、屠宰场，向养殖基地和大型屠宰场过渡，屠宰场作为中枢，对上游合作的养殖户采取包销模式，然后统一宰杀供应下游的卤制品加工厂与销售渠道。

据金书涛介绍，他所在合作社的屠宰场，前几年的日宰杀量在三四百只的水平，现在已经发展到了两千只的水平。随着澄海狮头鹅在全国范围的受欢迎,甚至走向泰国、马来西亚、新加坡等东南亚市场,上游的供应环节也被不断撑大,当前澄海狮头鹅年产量已经超过 700 万只。

但金书涛也坦言,目前澄海狮头鹅的养殖端还比较传统,不仅基础设施比较老旧,而且养殖方法也仍处于自摸索的阶段——很多老鹅农可以根据经验判断把鹅养好,养殖端却并没有成文的养殖方法,近年来随着很多新鹅农的加入,后来者只能盲人过河——摸不着边。并且随着下游需求量的快速增长,单户的养殖规模也在快速提升,从早期的几百只发展到了当下的几千只,即使是老鹅农也照护不过来。随即一个棘手的问题就摆在了澄海鹅农的面前——如何在扩大养殖规模的同时,保证狮头鹅的最终成活率,即如何做好科学防病。

通过调查,我们了解到狮头鹅的养殖成本与收益——单只鹅苗的采购成本约为 50 元(最高能到 120 元);从鹅苗到可出栏成鹅平均需要养殖 70～90 天,平均单只鹅的饲料成本为 1 元/天;为了防治各种疾病,整个狮头鹅养殖周期每只鹅的疫苗费用为 20 元左右,综合下来单只鹅的养殖成本为 140～160 元。而目前市场的平均收购价为 16～17 元/公斤,狮头鹅平均出栏重量为 13 公斤左右,售价为 208～221 元,平均下来单只的利润在 60～80 元,利润率为 40%～50%。

这样的利润率看似不错,但真实情况是狮头鹅并不一定 100% 存活,很多鹅在 20～30 天期的幼鹅高发病阶段就会死掉,即使熬过了发病期长成了大鹅,也会有一部分因各种疾病无法成活。综合下来,前些年养殖量少时,狮头鹅的成活率还有 70%～80%,现在随着养殖量增加,存活率不断走低,维持在 60% 左右的水平。

因此算下来的实际利润率就大幅降低了。

据金书涛介绍，2018年时有的新养殖户不懂防病知识，一场鹅瘟下来几千只狮头鹅幼苗全死了，一次性赔掉几十万元。

狮头鹅养殖，防病是头等大事，直接决定了养殖的利润率，表格上一个小数点，可能就意味着数十万实实在在的收益，怎么办？深大腾班学生带来了数字化、AI技术，也给金书涛带来了曙光。

学起来高大上的AI撞上"接地气"的鹅场

深圳大学官网资料显示，2018年深圳大学与腾讯开展了产业学院共建合作，依托深圳大学已有的计算机与软件学院，建设了腾讯云人工智能学院。其中腾班作为特色班（双方共同制定培养方案，包含人工智能、云计算、大数据分析等课程），是产业学院的重要组成部分。此外，腾讯云人工智能学院还包括实习基地、联合实验室、专业型硕士培养、博士后联合培养等，在此基础上探索相关学院跨学科的人才培养机制。

在合作模式上，深圳大学为人工智能学院的依托，腾讯公司提供教育云资源和空间、企业师资、实习机会、产学研合作专项、共建依托国家工程实验室的联合研究基地等。腾讯云人工智能学院于2020年入选广东省示范性产业学院，2021年又入选国家教育部首批现代产业学院。

腾班作为腾讯云人工智能学院的教学部分，承担着培养面向未来的人工智能人才的责任。深圳大学的官网信息显示，腾班的培养方案主要分为两块：一块是计算机专业的通用课程，比如系统知识、程序设计、数据结构等；另一块是腾班覆盖"理论－技术－应用"

的特色课，包括人工智能导论、脑与认知科学、机器学习、最优化方法、计算机视觉和人工智能课程实训等。

因为是校企联合办学，腾班与传统大学授课最大的不同，是可以紧贴产业一线，注重利用最新知识直接参与真实世界的改造。这就回到了上文的AI养鹅社会实践——2022年，在腾讯云人工智能学院几位主讲老师的指导下，腾班16名学生参与汕头澄海狮头鹅养殖的数字化、智能化改造。他们要为金书涛所在合作社解决的问题就是，如何用AI技术帮助狮头鹅养殖防病。

廖雪丽是此次AI养鹅项目中的一名深大腾班学生，隶属算法组。据她介绍，2022年暑假第一次去到澄海的养殖场时，对实际养殖环境的恶劣还是预期不足的，"当时没想到养殖场会那么原始，满地的鹅粪和饲料混合在一起，在三十八九摄氏度的高温下发酵出浓郁的臭味，而且几千只鹅密集地在鹅舍与鹅圈中来回走动乱叫，整个环境非常嘈杂，最开始我们都不知要如何下手"。

经过向鹅农调研，AI养鹅项目组了解到识别病鹅、及时便捷获得通知是鹅农的最大诉求——过去有经验的老鹅农都是通过人工巡检来锁定病鹅，比如大鹅如果出现不爱动、呆头呆脑、流口水等情况，大概率是生病了，俗称"呆头鹅"；而小鹅主要通过用手触摸感受体温，一旦超过41摄氏度的正常体温，大概率是生病了，俗称"发烧鹅"。

但在规模化养殖中，单靠人工巡检、识别根本忙不过来，而且鹅农不可能24小时盯着，因此狮头鹅的存活率和养殖规模一直受到限制。

经过方案设计，腾班的AI养鹅项目组初步有了计划——软硬件结合，对每个鹅的状态进行AI识别，然后通过微信小程序向鹅农展示信息，如果发现病鹅及时示警。如果能提前发现病鹅，一方面，鹅农可以提前救治，有可能将真正的病鹅治好；另一方面，也可以把病鹅从鹅群中隔离出来，避免传染性疾病的进一步传播。

澄海狮头鹅养殖场

具体到执行层面，AI 养鹅项目需要四个模块去落地。先是硬件设备组，包括摄像头和环境监测设备，用来采集鹅群的实时画面，以及鹅舍的环境信息（温度、湿度、空气颗粒物浓度、有害气体浓度等）；紧接着是算法组，根据实时数据训练算法，从而实现精准识别"呆头鹅"与"发烧鹅"；最后两个模块就是后端组和前端组，通过软件分别实现底层逻辑功能和小程序信息展示。

据此项目的视觉指导老师、深圳大学视觉所所长沈琳琳介绍，算法组对视频的处理主要就是三方面——检测、追踪和识别。但"鹅体识别"在业内并没有太多实践，大家做得比较多的是 AI 养猪项目和 AI 养鸡项目，因此 AI 养鹅没有开放的数据集和成熟的算法模型用来参考，需要项目组从鹅体数据采集和标注做起。

此外，和养猪、养鸡不同，鹅的移动非常密集、频繁，要想通过鹅体识别分辨出具体每一只鹅，是一个很大的挑战。在 AI 业内有个俗语：有多少人工，就会有多少智能。为此腾班的 AI 养鹅项目组从视频中调出了 6000 张照片，靠人工去为每个鹅体做数据标注。平均下来，每张照片都会有五六十只鹅，因此项目组的同学花费了近十天的时间标注了 30 多万只鹅体。2024 年 9 月，基于这 30 多万个鹅体数据打造的狮头鹅检测数据集，以《Goose Detection: A Fully Annotated Dataset for Lion-head Goose Detection in Smart Farms》为题发表在《自然》子刊《科学数据》（*Scientific Data*）上，同时在科学数据银行（Science Data Bank）开放全球首个狮头鹅目标检测数据集，促进狮头鹅目标检测算法优化与应用。

采集到鹅体的足量数据后，下一步就是训练识别病鹅的算法模型。据深圳大学副教授、计算机与软件学院人工智能系副主任冯禹洪介绍，训练算法模型需要用到的机器学习、计算机视觉等理论知识很多都是学生在研究生阶段才会接触的，而且很多具体的知识是很新的知识，项目组里多是大二的学生，他们很难理解原理，优化时也会比较吃力。

为此，遇到技术上不懂的细节，项目组的同学就向学院里各个相关方向的老师，以及腾讯的工程师请教；在行业知识获取方面，则查阅了 2000 余页养鹅论文，以及不断向有经验的鹅农请教，然后反复开会，遴选 6 个经典算法应用、调优。

但是，由于鹅的养殖太过密集，每个算法在不同场景下的准确率会出现几十个百分点的波动。为此，项目组必须不断迭代优化算法。在项目指导老师和腾讯算法工程师的指导下，项目组首先优化了数据集，调优目标检测算法，提高密集场景下狮头鹅的识别率；然后优化追踪算法，记录每一只鹅的停留时长，进而判断是否状态异常。

经过 3 个多月的算法迭代，以及 4 个组的程序开发，最终腾班 AI 养鹅项目组的小程序上线，可以帮助鹅农有效识别"呆头鹅"。而后又通过架设红外测温设备，并结合识别呆头鹅的追踪算法模型，项目组又可以帮助鹅农识别小鹅中的"发烧鹅"。另外通过环境监测设备的数据，小程序还能为鹅农提供环境数据的观测与分析，实时呈现养殖场的环境情况，对潜在的患病情况进行识别、报警。

据廖雪丽回忆，在项目顺利上线的当天，大家都非常高兴，于是决定去吃鹅肉火锅庆祝，"当天我们吃了特别多鹅肉"。

经过几个月的落地使用，澄海鹅农向腾班的 AI 养鹅项目组反馈，当前狮头鹅的存活率相比之前提升了 30%。在廖雪丽及其同学看来，此次项目最大的收获，就是可以帮助鹅农真切地提升养鹅的净收入。

掀开 AI 场景化应用的帷幕：唯有持续实践能使理论开花结果

AI 养鹅项目完成的同时，最初的项目组成员也已经升级为大三学生，开始把更多精力向学业和工作实习方向转移。但是 AI 项目还要持续下去，且目前还处于第一阶段，为此在整体项目指导老师、深圳大学研究助理蔡盛灶的协调下，更多大二和大一的腾班学生陆续参与进来，接棒学长学姐的未竟事业。

在蔡盛灶看来，识别"呆头鹅"和"发烧鹅"只是第一步，狮头鹅的常见病种还有很多，包括禽流感、大肠杆菌病、鹅瘟（雏鹅最易感染，传染性强，危害严重）、风寒感冒、中暑等，症状包括但不限于声音嘶哑、咳嗽、翅膀扑棱不起来、精神萎靡、进食不积极、喂食时害怕进入鹅群等多种状况。腾班 AI 养鹅项目还要不断开发应用，采集病鹅数据，构建更丰富的数据集、迭代算法，帮助鹅农提前识别出更多狮头鹅病鹅的异常体征。

腾班 AI 养鹅项目正在继续迭代，未来会包括整套的"望闻问切"发现病鹅的手段，具体为：

第一，望诊，鹅体识别——细化脸部动态，如是否有流口水、张大嘴等病征；

第二，闻诊，鹅语翻译——设置专门通道，采集鹅叫声，识别鹅是否"咳嗽"并分析鹅的情绪，比如通过叫声区分诸如恐惧、虚弱、兴奋等情绪，从而判断鹅的状态；

第三，问诊，疾病诊断——将鹅农的经验与专业知识结合，构建狮头鹅病问诊大模型，一旦发现病鹅可及时进行初步治疗，有效控制病情；

第四，切诊，鹅步监测——给狮头鹅安装计步器，通过传感器更精准地掌握鹅的精神状态。

深大腾班开创出的这个 AI 结合农业养殖的重要社会实践项目，不仅在实践中切实解决了鹅农的实际经营问题，而且可以帮助一批批的学生了解真实的产业情况，使他们可以亲手利用 AI 知识解决实际产业问题，助力狮头鹅养殖高质量发展。这对培养理论与实践相结合的高水平 AI 人才而言，是一个重要的实验和经验。

深圳大学官网信息显示，2022 年，首届腾班 28 名毕业生有超过 50% 进入腾讯、美的和字节跳动等公司就业，有 40% 学生选择海外高校深造，共计超过 90% 的学生在毕业前夕就落实毕业去向。

在采访过程中，腾班 AI 项目组的同学有一个共识——救鹅一命虽然不能胜造七级浮屠，却可以真正地帮助鹅农减少损失，增加收入，这是让他们最有成就感的结果。为此，第一届项目组成员为腾班 AI 养鹅项目组设立了一个口号："AI 不止步，大鹅我守护！"

从汕头到赤水，打造全球首个乌骨鸡智慧养殖系统

AI 养鹅项目获得了第九届中国国际"互联网+"大学生创新创业大赛广东省赛金奖，引起社会各界的广泛关注。在省、市两级政府的支持下，赤水市与腾班接洽 AI 养殖技术入黔事宜，希望用人工智能技术推动乌骨鸡养殖数字化、智慧化升级，破解延续了 300 多年的林下散养难题。

2023 年，贵州赤水乌骨鸡智慧养殖项目启动，首个"贵州赤水乌骨鸡智慧产业研究院"正式揭牌，王翊沣、李文、郭宇航等 2020 级腾班本科生受聘成为"AI 技术合伙人"。

同年 4 月，王翊沣带领着粘天、陈思睿等 2021 级腾班师弟师妹，开始了林下 AI 养鸡的征程。他们到贵州长庚农业发展有限公司的养殖基地调研现场环境和需求，并开展前期部署。有组员形容这是一次现实版的"变形计"——走过弯弯绕绕的山路进到大山深处，蚊子多如牛毛；由于没有部署好网络，基地信号非常差，一不

小心就会与外界断联。

可正是因为这样接近原始的自然环境,赤水才能将传统的山间林下散养模式延续300多年——25万只乌骨鸡零散地分布在1000亩大小的山林内,这种模式能够最大程度地保留乌骨鸡丰富的营养和自然的风味,但如此大的面积和数量,也让基地难以第一时间察觉鸡的异常体征、鸡群的行踪或鸡场异物入侵等情况。

准确定位和追踪乌骨鸡群,成为数字化管理的前提。基于AI养鹅经验,项目组利用目标检测、追踪和行为识别等深度学习及计算机视觉技术,及时发现"呆鸡"和"木鸡",降低了疫病传播的风险;同时打造"异物报警"功能,让野狗和黄鼠狼等入侵者难以偷鸡;还利用温度、雨量传感器等物联网设备监控鸡舍环境。

但项目组学生很快就发现,在山高林密的散养环境中,单纯依靠计算机视觉识别技术进行检测和追踪,结果并不准确,往往一根小树枝的遮挡就会造成相当大的数据误差。他们拉着深大老师和腾讯云工程师反复讨论,决定给乌骨鸡戴上脚环。

然而,给鸡戴的脚环并不简单,要考虑的软硬件细节很多,比如材质是否防水,该绑紧还是绑松,做单环还是双环,绑久了鸡是否会互啄等。在调研市场已有产品、查阅数十篇论文后,腾班学生在王旭、周宇、冯禹洪,以及腾讯云企业导师等的指导下,设计出了一款可定位、能计步数的脚环。未来,他们还将进一步优化脚环的通信和功耗,设计出更多家禽可穿戴设备,获取更多模态数据,并与视觉数据联动,从而形成一套多视角融合的多模态算法矩阵,实现乌骨鸡异常行为的精准监测,并使其成为整个乌骨鸡智慧养殖系统的核心。

更大的挑战随之而来,从汕头到赤水,不仅仅是地理位置和环境发生了变化,更重要的是需求方从个人用户变成了企业用户,对于场景和功能的要求也随之千差万别。

这也就意味着,不能简单地平移 AI 养鹅的模式和经验。在腾讯云工程师的指导下,项目组决定搭建一套完整的智慧养殖系统——为了满足养殖基地老板、员工、顾客等不同身份群体的需求,腾班学生打造了"小程序 +App+ 智能大屏"的终端系统。其中,智能大屏是整个系统的"大脑",承担数据存储和处理职责,也可通过数据可视化实时呈现养殖场动态。

在小程序端,除了日常运维的工具,学生还开发了包括短视频、直播和图文资讯在内的运营功能,不仅可以支持养殖场场主发布养殖场的短视频、图文信息等,还支持消费者跳转微信小程序购买乌骨鸡产品,从而帮助养殖场场主优化从生产、管理到营销的全流程。

"相较于 AI 养鹅,乌骨鸡智慧养殖系统更像是一个服务于产业的平台,这的确更难,工作量也更大。"为了帮助学生们,身为腾班负责人的冯禹洪老师带领学生赴贵州实地调研、撰写论文、申请软件著作权与专利,手把手带学生体验代码落地产业的全流程。她认为,只有攻克这道难题,学生们对于 AI 产业级应用的理解才会更上一层楼。

不只是单个小程序,还要实现"小程序 +App+ 智能大屏"的立体化终端布局;单个识别算法之外,还包含音频、传感器数据在内的多模态算法矩阵;不只是优化生产环节,而且要实现生产、管理、营销全流程、各环节的优化;不局限于乌骨鸡单个品类的数字化改造,还要构建中国特色禽类的数据库和知识库。冯禹洪说,腾班要做的,是突破腾班。

与此同时,腾讯云提供的数字工具也在持续优化。王翊沣记得,参加 AI 养鹅项目时，组员们纯手工标注了 6000 张图片、30 多万只鹅，还请了不少师弟师妹帮忙。技术的革新带来了效率的提升，到 AI 养鸡项目时，项目组已经可以使用腾讯云 TI 平台^①提供的工具进行半自动标注了，减少了 40%～60% 的工作量。除了标注环节，腾班同学还通过腾讯云 TI 平台完成了模型训练、模型部署以及应用开发等工作，在智慧养殖场景下"磨"完了一整圈的模型工程实践。

在腾讯云工程师的指导下，同学们采用混合云部署方式，将不需要上传的数据或本地处理更安全、更快捷的环节部署在本地，将需要联网或耗费算力的直播推流、营销等功能部署在云端。比如，智慧养殖系统的数据采集设备便部署在本地，以确保在养殖基地基站较少、信号不稳定的条件下，工作人员仍能正常进行日常运维。

从春花到冬雪，研发攻关和持续迭代历时 8 个多月，对 25 万只乌骨鸡、10 万张"鸡体"照片进行了识别和标注，全球首个乌骨鸡智慧养殖系统终于诞生了。系统运行半年多，养殖基地的乌骨鸡出栏率提升了 30%，增产 6 万多只。

- **小结** -

提到数字化，AI 是一个绕不过去的话题。过去十余年，从深度学习提出，到 DeepMind 开发的"阿尔法狗"赢下世界围棋冠军，再到 2022 年底 OpenAI 发布智能聊天机器人应用 ChatGPT。ChatGPT 自然语言处理能力远超前代 NLP 技术（NLP，自然语言处理），在与真人对答中展现了惊人的智能化程度，上线两个月就俘

---

① 这是基于腾讯云强大计算能力的一站式机器学习生态服务平台。——编者注

获了 1 亿日活用户，并引爆了全球科技圈，这让业界纷纷惊呼，AI 正在逼近"奇点时刻"。

可以说，AI 既是数字化的一个重要模块，也是数字化的终极目标——智能化——的重要基石。随着数字化在农业领域应用的深入，AI 能力在种植、养殖领域的应用也越来越广泛，腾班养鹅项目虽然只是一个小的尝试，但面向未来，无疑是揭开了国内"AI 场景化应用"的帷幕。在后文的案例中我们还将看到，百果园希望通过 AI 能力，预测门店未来的销售情况，从而指导供应链的运转；而招商局为妈湾智慧港构建的自动运行无人集装箱卡车，也深度依赖 AI 的能力。

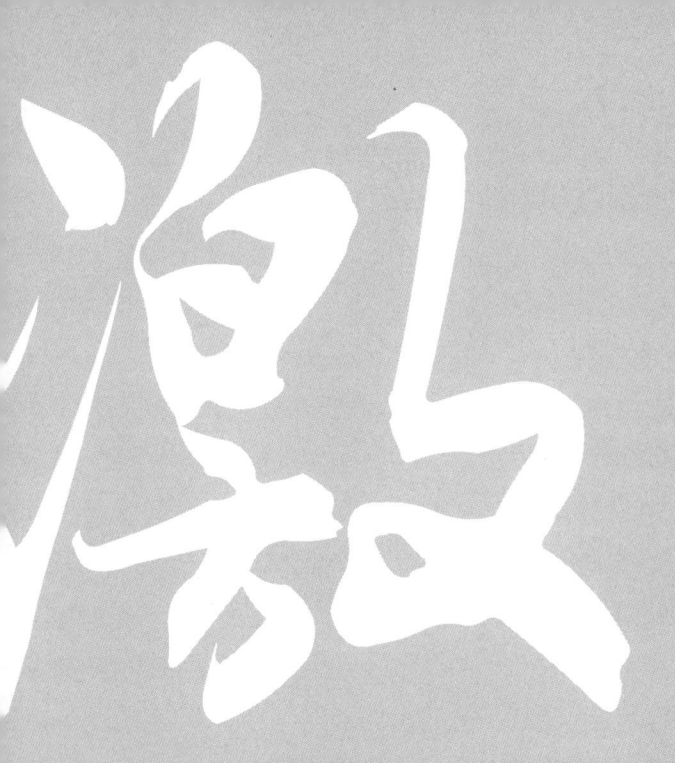

|第二部分| **场景突破**

开篇：

数字技术如何助力产业场景突围？

小到个人的温饱，大到国家的安全，农业都是基础性产业。过去几十年，中国农业的发展取得了长足进步。

中国粮食产量已连续 9 年稳定在 1.3 万亿斤以上。2024 年《政府工作报告》指出，2024 年粮食产量要确保保持在 1.3 万亿斤以上。《政府工作报告》还指出："我们这样一个人口大国，必须践行好大农业观、大食物观，始终把饭碗牢牢端在自己手上。"

从宏观及政策层面来看，农业的高质量发展是经济高质量发展的重要支撑，数字乡村建设是数字中国建设的重要一环。而在消费者层面，随着生活水平的不断提升，"吃好"的内涵，也在不断演变和丰富，从想要"美味"，再到健康、营养、绿色、有机等，这种对"高质量"的不断追求，在百果园集团创始人、董事长余惠勇看来，其实是一致的："好吃和健康、营养、绿色其实是一体的。"

但是，近年来，不少消费者反馈，"小时候的味道消失了"，现在买到的水果没有水果味儿，蔬菜没有蔬菜味儿，肉也没有肉香味儿了。

这背后，藏着一个显而易见却又被忽略的常识：水果能有营养，就在于果树是健康的，其所赖以生存的土壤、水分、空气、温度等环境条件符合自然演化，也就是所谓的"绿色"。

过去几十年，农业发展，化肥、农药被广泛使用于农业生产，农作物、家禽家畜的"绿色"生存环境堪忧。这些都决定了当前的农业发展质量处于较低水平。而要解决这一问题，关键是要在从土壤、种植、培育一直到运输、上架各个场景、环节集合发力。

围绕"好吃"这个目标，农业急需全面革新。虽然是一个产业，农业里面涉及的环节、场景数不胜数，如何突围？在百果园创始人余惠勇看来，基于数字技术，一个一个场景去突破，看似是最笨的功夫，其实是最有效的做法。

创办百果园之前，余惠勇花了数年时间，走访了很多上游的种植农户、果园，也进行了很多市场、用户口味的调研，最后，他总结出一点：好吃的水果都是有营养的，因为"好吃"是很综合的感受，是被各种丰富的营养物质堆出来的，反过来，味道寡淡的水果往往是因为营养物质缺乏。

余惠勇带来百果园实践了二十多年的经验，以"水果好吃"为锚点，通过数字化技术，第一步是提升"水果种植场景"下的科学管理水平，第二步是提升"水果物流场景"下的数字化水平，最终实现一个目标：让水果好吃的同时具备高性价比！

2023年百果园年营收已经突破百亿元，距离余惠勇提出的"千亿营收目标"还有很远的距离。而即使百果园未来的目标是实现千亿营收，在整个水果零售市场的占比也不足十分之一，在整个生鲜零售市场的占比不足五十分之一，在整个第一产业的占比不足百分之一。

这意味着，即使有很多百果园这样规模的企业，在消费者"吃得好"的巨大需求面前，供给缺口依旧巨大。这让价格不敏感的消费者，选择了新西兰佳沛奇异果、智利车厘子、日本阳光玫瑰葡萄、美国牛油果等国外生鲜农产品品牌。

但这些动不动被冠以"某某品类爱马仕"的洋品牌，以超高的价格成了"水果刺客"，天然将大量消费者拒之门外。因此，国内大量有"吃得好"诉求的普通消费者，对国产平替产品的需求旺盛，农业的高质量发展已经迫在眉睫，这当中，"生鲜流通"场景就是一个"卡脖子"环节。

相比国外，国内生鲜流通场景中，腐损率过高一直是需要解决的第一大难题。新希望集团旗下的"鲜生活冷链"对比国内外的数据后得出结果非常惊人，美国果蔬、肉类和水产品流通中冷链使用比例平均在97%以上，日本平均也能做到95%，而中国平均连50%都不到。由此导致的结果，美国蔬菜在加工运输环节中的腐损率仅为1%～2%；日本腐损率在5%以下；而我国经过近几年冷链大发展，才勉强将果蔬、肉类、水产品的腐损率分别降低到20%、8%和10%左右。

"国内的供应商（主要指肉类食材的），平均要在流通环节扔出去35%的成本（主要为腐损率过高），不然食材根本到不了消费者的餐桌。也就是说，虽然我们生产端成本更低，但流通成本比漂洋过海而来的国外供应商更高，这中间，最大的问题就是出在了冷链环节。"行业分析认为，对零售终端来说，不会管冷链供应商是国内的还是国外的，谁价格低就采购谁的。国内生鲜食材如果可以实现全程冷链运输，必定能大幅降低流通成本，才能与国际供应商直接竞争。

这正是新希望集团瞄准的方向。2016年，新希望集团发现流通场景中，流通成本、流通损耗成了生鲜产品供应的底层制约因素：后端花大力气生产出了高质量的产品，如果不能低损耗地运出去，安全地送到用户手上，价值会大打折扣。同年，新希望集团决定将冷链业务独立成公司，孙晓宇走马上任"鲜生活冷链"CEO，带领团队一干就是将近10年。

为了建设数字化基础设施，鲜生活冷链前后投入了4亿元，自主培养并打造了一个近400人规模的IT团队。从建立之初，孙晓宇就有意识地搭建一个完整的产业链数据体系，包括交易记录、物流路线、货、人、车、仓、计划订单、农场/工厂、算法等环节。孙晓宇认为，从一开始就是希望用数字化的方式做冷链，而不是先做一个传统冷链公司再考虑如何数字化转型。鲜生活冷链希望做到的是，始终保持开放、赋能的态度，先投入做基础设施，帮助合作伙伴成长，最终实现多赢。

"跟我们合作的18家传统冷链物流公司，每家的营收和利润都是持续双增长，增长最少的那家5年来也已经翻了一倍。"孙晓宇说。鲜生活冷链通过合作与投资打通全国冷链网，进而打通整个产业链的全要素数据。

依靠多维度数据的集成、清洗、结构化，孙晓宇发现，鲜生活冷链不仅可以重新梳理供应链中原本不合理的"决策关系"，把新的"决策流程"重输给合作的各个冷链物流企业，帮助它们真正降本增效，而且更重要的是，在此基础上孵化出了两个全新的科技平台——智慧物流平台"运荔枝"和智慧商流平台"集鲜"。

按照孙晓宇介绍，运荔枝制定出一体化的供应链交付解决方案，使调度时效从4小时缩短至10分钟，帮助司机将平均油耗降低了8%，帮助客户将库存周转天数减少了20%，在降本增效、运力品质升级的同时，让客户体验也得到提升，极大地增强了运荔枝的核心竞争力。

集鲜则通过智慧团餐、智慧订存、食材溯源、智慧代采等数字化业务，针对不同的运用场景，帮助客户拓客展业，提质增效。目前，集鲜服务的连锁商家超过 500 个，包括海底捞、汉堡王、喜茶等。

数据背后，是鲜生活冷链的数字化能力快速得到外部认可，其外部服务营收占比迅速提高。"2022 年，我们实现了 120 亿元的营收，其中新希望集团的自有业务占比只有 7%，其他都来自外部的客户。"孙晓宇说。

而对新希望集团来说，鲜生活冷链只是整个集团"数字化灯塔工程"的一个标杆样本。过去几年，新希望集团启动了六大"数字化灯塔工程"，包括新希望六和的智慧猪场、新乳业的"'鲜活 GO'+食品安全+数字工厂"项目、川娃子的智慧供应链、鲜生活冷链的数智化产品矩阵、化工板块的数字化运营体系，以及新希望地产的"项目管理+全面预算+数字品质"项目，从而在总部管理、核心板块优选项目先期探索，建设数字化全体系。

新希望集团 CDO（首席数字官）李旭昶介绍，目前灯塔工程各项目都在有序推进，并已取得了一定成果。例如，作为灯塔工程之一的食品溯源项目已经能将肉制品、乳制品、休闲食品、调味品四大领域的全链路溯源时间从原来的 4 小时缩短至 3 分钟。而未来 3~5 年，灯塔工程将全面覆盖新希望集团的各个赛道，帮助企业的数字化转型整体上一个台阶。

农业产业的品质变革仍在路上。无论是百果园探索种植标准化，追求生鲜品牌化的实践，还是鲜生活冷链的模式创新，都可以看到数字化的存在和各个环节的价值。

2023年2月27日，中共中央、国务院印发了《数字中国建设整体布局规划》（以下简称《规划》）。《规划》指出，"建设数字中国是数字时代推进中国式现代化的重要引擎，是构筑国家竞争新优势的有力支撑"。可以说，数字化已经成了国家战略。《规划》还明确了，要"做强做优做大数字经济。培育壮大数字经济核心产业，研究制定推动数字产业高质量发展的措施，打造具有国际竞争力的数字产业集群。推动数字技术和实体经济深度融合，在农业、工业、金融、教育、医疗、交通、能源等重点领域，加快数字技术创新应用"。数字化在制造业与服务业的品质变革，也已经拉开大幕。国家统计局的数据显示，2022年，我国全年国内生产总值为1210207亿元，其中第一产业增加值为88345亿元，占GDP的比重约为7.3%。也就是说，工业、建筑业与服务业才是品质变革浪潮中，规模占比超过90%的重头戏。

如果说百果园的数字化经营和种植，从多个切面彰显了数字化是如何推动农业产业的品质变革的，那么在第二产业和第三产业，数字化又是如何推动品质变革的？

相比农业，工业、建筑业与服务业的产业分工要复杂得多，数据的规模与维度更大，数字化的复杂度和难度也必将更具挑战。要想从一个切面就能对工业、建筑业与服务业的数字化有一个比较深刻和全面的认知，这个切面的选择就必须足够巧妙并具备代表性。

招商局集团过去几年的实践，恰恰能说明这一点。

提到招商局集团，有点了解的人往往会加一个前缀"百年"，即百年招商局。这意味着，招商局的业务范围极其庞大，仅旗下子公司就有数百家，涉及的业务类型和业务场景更是多达数万个。

正所谓"千里之行，始于足下"，再复杂的体系，想要变革，也需要从一个个场景入手。例如"港口集装箱运营"场景，由于岸桥司机必须长时间、高专注度地高空作业，工人到了 40 多岁就会患上多种职业病，而这种艰苦环境，也让新员工的招聘、培训成为难题。

面对这个巨大的痛点，招商局旗下妈湾智慧港首先通过 AI 技术，实现了无人集装箱卡车自动运行，再结合整套数字化技术的应用，让工人坐在办公室通过屏幕进行远程作业，不仅解决了老工人患职业病、新工人培训难的问题，也实现了多个环节经营效率的大幅度提升，港口年吞吐量从 100 万标准集装箱直接提升到了 300 万标准集装箱。

而放到整个物流板块去看，区块链技术的落地，使过去散落在出口商、进口商、港口、机场等各环节的数据、文档、货物等信息得以串联、统一管理，促生了更为惊人的想象空间。

招商局集团 CDO 张健更是将区块链等技术形容为招商局数字化的重要突破口，基于在物流场景的试验成功，招商局和腾讯云共同设计的产业区块链开启建设，推动招商局上下游的生态公司全部上链。

如今，招商港口的通关效率比肩自由贸易港，整体物流效率提升了 60%，物流成本节省了 50%，同比吞吐量增长超 6 倍。

广州地铁的数智化升级，是场景突破的又一尝试。由于传统观念的影响，交通运输领域通常是"重建轻管""重硬轻软"，而时代发展下，信息技术、数字技术的应用反而未得到应有的重视，这也给这一领域带来了巨大的转型可能性——把路、人和车作为一个综合生命体。在这一理念下，数字化的价值依旧围绕六个字：安全、便捷、高效。这也是数智化带给普罗大众最切实的便利，也是新场景下提高生活品质最好的注脚。

招商局：
从百年场景中走出的"新突破"

历史教科书中，提到清朝的洋务运动，总会说起它的标志性事件：1872年李鸿章创办轮船招商局（招商局集团的前身）。彼时，看到西方工业文明对中国落后体制及文化的冲击后，李鸿章在1874年给同治皇帝的奏折上做出了一个历史性判断：中华文明正面临"数千年未有之大变局"。

美国著名的东亚研究机构，哈佛大学费正清中国研究中心对这一历史事件的评价是："高傲的中国人在和条件更为先进的西方人的接触中，感受到了羞辱，这最终导致他们不惜一切代价在中国推动工业化的庞大计划。"

而中学历史教科书对轮船招商局的创办，则以"官督商办"的制度构想肯定了其先进性。所谓"官督商办"，即企业由商人出资，合股的资本为商人所有，商人按照自己的规范章程制度管理。企业在政府监督之下经营，但是盈亏全归商办，与官无涉。靠着这样的制度，轮船招商局成了中国近代史上第一家轮船运输企业和第一家民用企业。

洋务运动并没有帮助中国实现工业化，中国真正全面拉开工业化建设的大幕要到 1953 年，至 1978 年，基本实现了工业化。而在工业化进程中，招商局再次进入历史的相框，成为标志性事件，且亲身参与和见证了中国改革开放的大潮以及工业化进程。

1979 年 7 月，深圳蛇口工业区基础工程正式破土动工，南海之滨，虎崖山下，响起了中国改革开放的第一炮，招商局第 29 代"掌门人"袁庚带领着招商局在这片 2.14 平方公里的土地上，开始了一场史无前例的实验。

这场实验，成就了招商局集团的第二次辉煌：从 1979 年到 1992 年，招商局以深圳市的蛇口工业区为基础，相继开辟了港口、金融、地产、物流、工业、科技、园区开发等业务，从一家单一的航运企业迅速发展成综合性企业集团。据统计，到 20 世纪 80 年代末，招商局下属各类企业达 380 家，总资产达 180 亿港元。

来到当下，中国再次面临"百年未有之大变局"。作为二战后世界国际秩序中出现的最大变量，中国改革开放以及由此开启的工业化进程，一方面，为世界经济发展提供了巨大市场和首屈一指的工业制造能力；另一方面，经过 40 多年的高速增长，中国也开始面临经济增长动能转换的挑战。

而招商局集团的数字化升级，就是新时代下的又一次历史见证。更有媒体将这总结为"招商局的第三次辉煌将要起航"。

"数字化不是技术问题，也不是资源问题、理念问题，而是决心和执行问题。"提到数字化转型，招商局集团 CDO 张健心有戚戚，"经过不断的讨论和探索，我们非常确定的就是，集团总部一定要承担起责任，我们利用金融的优势，把招商金科转为面向全集团的数字化团队"。

"数字化背后实质上是不确定的技术带来的想象空间、危机感。"这种想象空间和危机感，以及潜藏在诞生之初的创新基因，促使招商局快速做出决定。2019年，招商局正式发布集团数字化战略，确定了"数字化招商局"的战略目标，从集团层面进行统一的数字化基础设施建设，包括招商云和数据湖，以及在这之上的一盘棋——数据治理和应用，进而，招商局集团又通过数据连接推动包括交通物流在内的各个业务板块的全面数字化。

集团如何承担起责任？数据如何串联？创新基因如何再次激活？顶层设计虽然有了，但百年招商局想要再转型，摆在眼前的是一系列落地上的现实问题。如此大型的综合性集团要完成全覆盖的颠覆性变革，难度不亚于当年从蛇口重新起航。张健认为，整体而言，招商局集团面对数字化变革，主要有三大挑战：能力问题、决心问题和平衡问题。

"数字化招商局"战略

顶层设计确定之后，首先是解决能力问题。招商局集团是现代化的综合性集团企业，在数字化技术面前却是个"传统企业"，但这并不意味着它完全没有数字化能力储备，只是这些能力分散在招商局旗下各个产业公司，比如招商银行与招商证券的数字化能力就很强。

由于金融业务是对信息和数据的处理，电子信息技术就是为解决金融问题而生。而招商银行和招商证券都是近10年来移动互联网浪潮中的弄潮儿，靠着在数字化和在线化上的超前布局与创新，实现了赶超式发展。

从手机银行的月活数据来看，招商银行是继工商银行、农业银行、建设银行后第四个有突破上亿月活手机银行App的，成为新的"四大行"之一。而这得益于招商银行以领先同行的速度完成了业务数字化的进程，线下存量用户渗透率较高。

从股价表现来看，招商银行近年来市值大涨，目前稳定在9000多亿元人民币的水平，看齐"国有四大行"，稳坐市值第一梯队。招商银行股价的亮眼表现，很大程度上要归功于其在数字化与在线化上的有效投入，从时间重合度上来看，其股价进入上升通道的起点就是2017年。

张健向我们介绍，最初的招商金科集中了大概800人的IT技术团队，这也是招商局集团共享技术平台的初创团队。

在当时的情况下，招商金科的数字化技术主要还是面向金融业务。但由于招商银行、招商证券和博时基金自身已具备成熟和强大的IT能力，因此招商金科主要与招商银行、招商证券和博时基金的数字化团队建立技术交流与合作关系，包括客户经营管理、业务信息的协同，以及技术能力上的互相支持等。

到了2018年，腾讯推动"930变革"，并提出了"扎根消费互联网、拥抱产业互联网"的发展战略。很快，"产业互联网"成了各界认可的未来发展趋势，并在各个产业兴起了产业互联网变革浪潮。因为各个行业都发现，传统产业这一次真的有可能要面临数字化技术的颠覆性变革，转型慢的企业很可能就成了被变革和颠覆的对象。

张健提到，在招商局集团总部，彼时也开始有这种担忧，并重新审视自身的数字化战略，特别是各个实体产业公司的落地情况。因为招商局集团所涉及的实体行业众多，业务模式的差别极大，所以过去的数字化战略也是分散在各产业公司内部，由其独立开展。

2018年，招商局集团通过同业横向对比，发现招商蛇口、招商港口、物流业务、公路业务等数字化水平处于落后地位，招商局集团总部启动了新的数字化战略讨论。

经过引入咨询公司，以及长达半年的内部大讨论，最终，招商局集团制定了新的数字化战略，命名为"数字化招商局"，决心打造具有招商局特色、国内领先的产业互联网平台，并助力招商局集团成为具有全球竞争力的世界一流企业。

在数字化战略规划中，招商局形成了"五支柱"建设框架，在2021年的"十四五"数字化规划中，又升级形成"六支柱"建设体系——两平台一体系、两大连接平台、数字化治理、数字化队伍、产业数字化，以及数字产业化。

首先，"两平台一体系"是数字化战略的基础设施，包括提供算力和算法的招商云平台、提供全集团数据汇聚的数据湖平台，以及对不标准、非结构化数据进行治理的数据治理体系。

据张健介绍，"上云入湖"是过去几年整个招商局集团数字化落地的重中之重。上云与入湖的价值不再赘述，因为目前各界对这两项已经有了基本共识——如果没有算力弹性、自由扩展的云，以及汇聚所有数据的大数据湖，就没有数字化的基础，企业就只能停留在专项应用烟囱化，与各业务数据孤岛化的原始信息化状态。

而处于原始信息化状态的企业，就不可能在底层升级自身的数字化基础能力，包括人工智能技术、区块链技术、5G通信技术等既不可能引入，也不可能一键共享。

在"上云入湖"的同时，另外一件极其复杂的工作也开始同步推进，那就是将各个企业各类应用中的数据导入后的数据治理工作。因为应用来自不同的厂商，对数据的定义各不相同，数据的标

数字化招商局六支柱体系

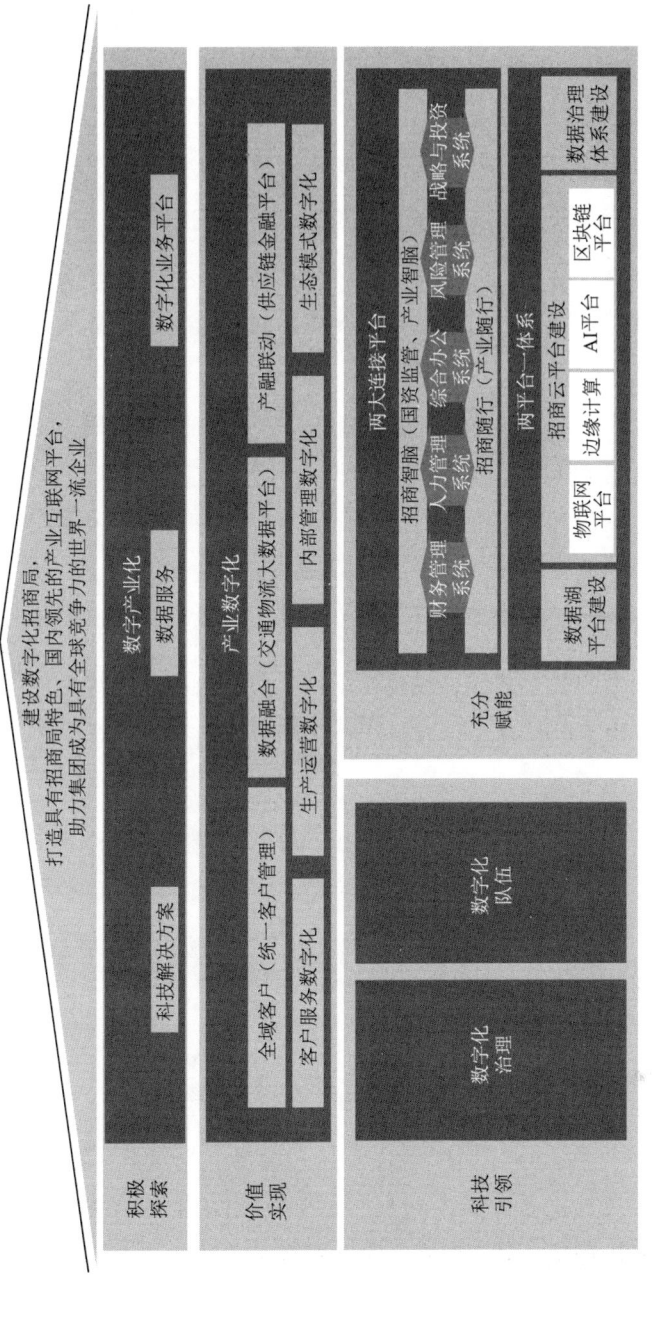

打造具有招商局特色、国内领先的产业互联网平台，助力集团成为具有全球竞争力的世界一流企业

积极探索	科技解决方案	数字化业务平台

数字产业化
- 数据服务

价值实现 — 产业数字化
- 全域客户（统一客户管理）
- 数据融合（交通物流大数据平台）
- 产融联动（供应链金融平台）
- 客户服务数字化
- 生产运营数字化
- 内部管理数字化
- 生态模式数字化

数字化队伍

两大连接平台
- 财务管理系统
- 招商智脑、综合办公系统
- 招商智脑（国资监管、产业智脑、招商随行）（产业随行）
- 人力管理系统
- 风险管理系统
- 战略与投资系统

充分赋能

科技引领 — 数字化治理

两平台一体系
- 数据湖平台建设
- 物联网平台
- 招商云平台建设
- 边缘计算
- AI平台
- 区块链平台
- 数据治理体系建设

第二部分　场景突破　　　093

准也就不统一。因此数字化技术团队要对原有数据进行诊断，根据诊断结果对庞杂的数据进行清洗、重新制定统一标准，并对不符合标准的数据进行改写等。

有了上云入湖以及数据治理的初步基础，招商局集团同步着手打造连接所有员工作业场景的协同办公应用"招商随行"，和连接所有数据进行智能分析的平台"招商智脑"。这两大连接平台是应用层的基础设施和入口，承载了在线化的使命，也是未来所有应用集成和迭代的中枢。

完成了云、湖、数据治理体系的搭建和两大连接平台的落地，招商局集团的数字化能力短板就基本补齐了。但到了这个阶段，张健认为，招商局集团的数字化战略才算刚刚渡过浅水区。无论是云、大数据湖，还是数据治理，以及协同办公及智能分析平台的建设，主要面临的挑战还都只是资源投入的问题，牵涉的主要群体仍局限于技术团队。因此，只要变革的企业不差钱，这些投入还是能咬咬牙挤出来的，甚至很多传统公司的首席信息官、首席数字官等就能拍板做决定。

但数字化变革接下来要面临的挑战才是整个数字化进程的要害，因为将涉及组织变革和资源分配。正所谓"触动利益比触动灵魂还难"，因此解决组织的变革决心问题和资源平衡问题，是数字化变革的"深水区"。

数字化变革之难

近年来，由于市场上失败的数字化转型案例太多，因此很多提供数字化转型产品和服务的企业服务类公司总结出了一个血泪教训——数字化变革必须是"一把手工程"才有可能成功。

所谓的"一把手工程",就是需要由企业的最高决策者来推动数字化变革。因为数字化既是企业焕发新生的机会,也是企业需要闯过的"鬼门关",只有最高决策者有可能解决整个组织的决心问题和资源平衡问题。如果没有这个前提,很多企业的数字化变革都会因为内部意见不统一或者资源分配失衡,导致内部消耗而流产。

对于招商局集团这样多元化的综合性集团企业,其最高决策中枢是位于香港的招商局集团总部。2018年,招商局集团总部看到了数字化的时代大趋势,也预见到了产业端有被颠覆的可能,在横向对比了各产业二级公司的数字化水平后,痛定思痛,下定决心推出数字化变革新战略——全面建设数字化招商局。

然而,这种决心首先遭遇的,就是历史问题。

1978年时招商局还只是一个资产规模仅1.3亿港元的单一型航运企业,它后来多元复杂的业态源自在当时的掌门人袁庚"解放思想"的号召,以及"立足港澳,背靠全国,面向海外,多种经营,买卖结合,工商结合"的经营方针指导下,大胆创办的那一批中小型现代化交通和其他工业企业。

当时不论是中央还是招商局,都没有钱创办这些企业和支持它们发展,它们是靠将内地廉价的土地和劳动力与港澳以及海外的资金、先进技术及原材料相结合,各自找方向、自负盈亏,逐步发展起来的。因此,招商局集团的组织架构是,总部是战略制定和大方向把控的中枢,规模只有几百人,而各个二级公司掌握相对独立的经营决策权,最大化发挥经营管理的主观能动性,以及业务开拓的创造性。

由此导致,招商局集团数字化战略想要从总部渗透到各二级公司,并且得到贯彻执行,难度很大。

如何解决?依旧要回到"蛇口基因"的传承。"蛇口基因"让每一个招商人明白,只要前途是光明的,企业就要敢于自我变革,开创一片新局面。而这也是招商局集团为自己制定的企业使命——以商业成功推动时代进步。

接下来就是决心贯彻执行的具体"技术"问题,招商局集团制定了数字化"六支柱"的另外两项战略——数字化治理体系建设与数字化队伍建设。

对于数字化治理体系建设,招商局集团首先组建了数字化领导小组,由招商局集团总经理亲自挂帅担任组长,定期召开数字化变革会议,听取各职能单位及专项汇报,针对集团与各二级公司的数字化工作进行汇报、总结和指导。

同时,要求各二级公司建立数字化双月会制度,由各二级公司主要领导亲自主持,并将数字化进展上报集团数字化领导小组。

除了不断强化数字化治理体系,招商局集团也在同步搭建纵向渗透与横向拓展相结合的数字化队伍。

一方面,招商局集团以总部CDO为首,纵向在各二级公司建立CDO制度,双线汇报至二级公司一把手和集团CDO,保证数字化变革在各二级公司有抓手和落地的中枢。

另一方面,以招商金科最初的数字化技术团队为起点,招商局集团逐步搭建并壮大了招商云技术团队,明确"四科一智"数字化队伍——招商金科、招商国科、中外运创科、招商城科、招商新智——全面支撑集团及各板块的数字化项目落地。

据悉,至2022年底,经过三年多的快速发展,招商局集团的数字化队伍已经是2018年底时的3倍,员工达到了3500人;数

招商金科	招商国科	中外运创科	招商城科	招商新智
■ 提供云+招商随行的基础性服务 ■ 提供金控科技、保险科技、资管科技等相关服务	■ 提供智慧港口解决方案、智慧港口开放平台、智慧港口科技运营、港口数字科技集成服务	■ 服务中国外运内部IT需求，打造面向业务、面向行业的"业务+IT"能力	■ 智慧空间的解决方案咨询及实施落地	■ 打造智慧公路业务网和智慧公路物联网

招商局集团"四科一智"数字化队伍

第二部分 场景突破 097

字技术的核心能力也在不断增强，算力增长 32 倍，数据存储增长 21 倍。

三年来，招商局集团在总部层面建成了"两平台一体系"——招商云平台、大数据湖平台和数据治理体系，以及"两大连接平台"——招商智脑与招商随行，拥有了坚实的数字技术基座，实现了从分散建立到顶层规划的数字化建设，以及从传统技术架构到云原生技术的技术转型，建立了集中共享开放、自主研发为主的技术研发能力，按期达成了 2022 年"初步建成数字化招商局"的阶段目标。

但是，要想真正建成数字化招商局，还得看各二级公司的数字化成果。说白了，以上这些制度与基础设施搭建，都只是总部搭了一个台子，唱戏的还得是各二级公司，因为数字化本质上就是为它们服务，要它们利用数字化完成业务和管理的变革，开启新的时代。

究竟二级公司愿不愿意全身心投入唱这出数字化变革的戏，就牵扯到数字化的第三个难关——资源平衡问题。

因为数字化就是个自我革命的举措，要对全要素进行重构，因此除了决心问题，还特别消耗资源——人力资源、管理资源、财务资源、机会资源等。

如果全让二级公司承担这些资源投入，决心再强也很难推行下去。因此招商局集团总部先牵头，搭建数字技术基座以及打磨各种能共享的通用能力，然后开放给二级公司使用，避免其重复造轮子，从而为后者节省大量资源投入。二级公司再在后期为服务付费，摊销总部这部分前期建设的成本。

然而，单纯地帮助二级公司降低前期的资源投入是不够的，还不是终极的资源平衡。只有让二级公司从数字化中尝到甜头，逐渐

招商局集团对旗下各产业的趋势分析

金融行业	港口行业	物流行业	地产行业	工业制造
纷纷加大数字化投入，组建金融科技公司，区块链、AI技术正在推动金融服务和金融产品的模式变革	国内众多港口在进行智能化、无人化建设，打通港口物流供应链枢纽	传统货运代理面临跨界蚕食，合同物流客户对数字化供应链管理能力的要求成为标配	由开发为主向商业经营转型，急需提高地产公司数字化服务用户的运营能力和产品服务能力	自动化、智能化正在全面加速，标杆智能工厂将打通建设、生产、交付和产品运营的全流程数字化

第二部分　场景突破

有正收益，二级公司才能真正推进数字化的正循环。

基于这些，2021年，招商局集团升级了数字化"六支柱"的最后两项——产业数字化和数字产业化。

回到二级公司的视角，如果从经营角度出发，企业最关心的事就两件——当下活得好和未来也要活得好。若想当下活得好，企业就需要在当前的行业格局中保持领先地位，这就需要企业不断提效，努力比竞争者跑得更快；而想要未来活得好，企业则必须依靠创新，需要从当前的资源和能力中长出足以帮助其穿越周期的新业务，打造新的"马利克曲线"。

而产业数字化和数字产业化，一定程度上就是帮助企业解决提效与创新问题，也就是解决当下活得好与未来活得好的问题。

产业数字化的本质，就是企业能够将自己的客户服务、供应链资源、管理架构等全量要素完成数字化复刻，然后用数字化后的技术和能力提升以上环节的效率。

在产业数字化的实践中，招商局集团发现旗下各个产业公司的商业模型存在巨大差异，无法按一套产业数字化模型来推进。为此，招商局集团从发展驱动力的角度出发，根据驱动要素的类型，将产业数字化能力模型抽象为了两大类——客户驱动型企业，比如招商银行、招商证券等；资源驱动型企业，比如招商港口、招商轮船等。

在招商局看来，对于客户驱动型的企业，产业数字化的起点还是要围绕客户展开。

对于资源驱动型的公司，招商局集团的产业数字化则以服务交付能力、资源和设备为抓手，去推进整体运营流程的重塑。就像妈湾智慧港的案例，数字化是对全量要素进行升级改造，从而最终实现了这个协作网络的整体提效。

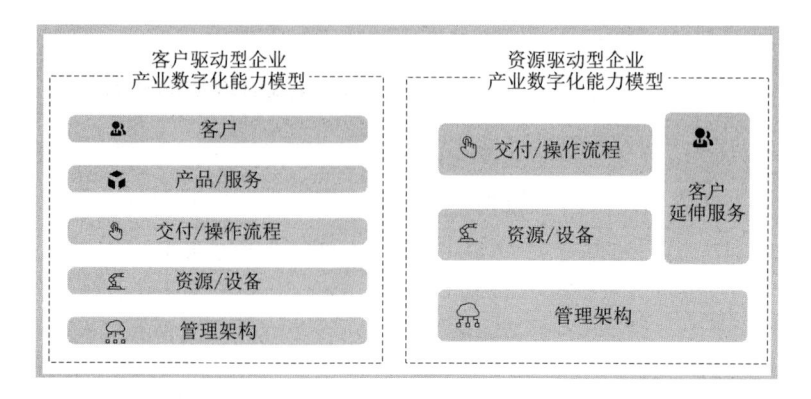

招商局集团的两大类产业数字化能力模型

客户驱动型企业产业数字化能力模型：客户、产品/服务、交付/操作流程、资源/设备、管理架构

资源驱动型企业产业数字化能力模型：交付/操作流程、资源/设备、管理架构、客户延伸服务

整体而言，当下活得好相对容易实现，因为效率提升是有迹可循的，只要企业愿意上马更先进的技术和管理理念，并愿意承担先进技术和管理伴生的变革代价，这个提效变革还是能实现的。

但创新不同，因为创新无迹可循。无论是100多年前熊彼特开创的创新理论，还是最近十年风靡全球的《创新者的窘境》，都指明了创新虽然具有破坏性和颠覆性，但没有定式；创新虽然也有一些方法论，却无法靠严密的逻辑或经验推导出可行的操作路径。因此，创新更像是艺术。

按熊彼特的创新理论，创新本质上是一种全新的生产函数，是发现了生产要素的全新组合方式。互联网企业掌握的数字化技术，相比传统企业的经验化经营，本质区别是前者对生产要素的记录、定义和掌握更全面，因而能实现的排列组合更多样，创新的概率也就更高。而这，就是数字产业化需要达成的能力。

完成一定程度的数字化后，企业拥有了大量数据和科技能力，就希望数字化不能只是一个定制化的工具用以解决自身的某个具体问题，而是要变成一个通用的能力，可以像互联网企业一样用数字化解决各种问题，因而让数字化本身就成为产品和产业。

以招商银行为例。2016年，招商银行便推出了国内首款智能投资顾问产品摩羯智投，通过人工智能为客户提供一键量身定制、一键优化投资组合的理财服务。在这个尝试中，招商银行已经可以利用自己的大数据能力和AI技术，去创造一种完全不同于以往的新型业务模式。

这证明招商银行已经拥有了一定的数字产业化能力和积累，而这也是其近年能与互联网金融科技巨头直接竞争，并且不落下风的原因。

而在集团一侧，历时数年建设的招商云平台正式获得国资委认定成为国家交通物流行业云。未来，这一平台将立足集团在交通物流方面的独特优势，广泛连接物流生态数据，并积极拥抱AI大模型时代，形成以AI算法为核心驱动，以PaaS+SaaS为交付模式，为产业链客户提供智慧服务的数字产业生态平台。

当然，招商局集团的数字产业化还在探索期，整体的"数字化招商局"战略要到2025年才能全面落地。招商局集团在数字化变革上的决心和实践，绝对是一笔宝贵的财富，值得更多企业研究和学习。

一个港口的变化

招商局集团数字化的阶段性成果，可以从一个产业工人的工作场景的变化说起。

招商局集团总部与二级公司的数字化生态

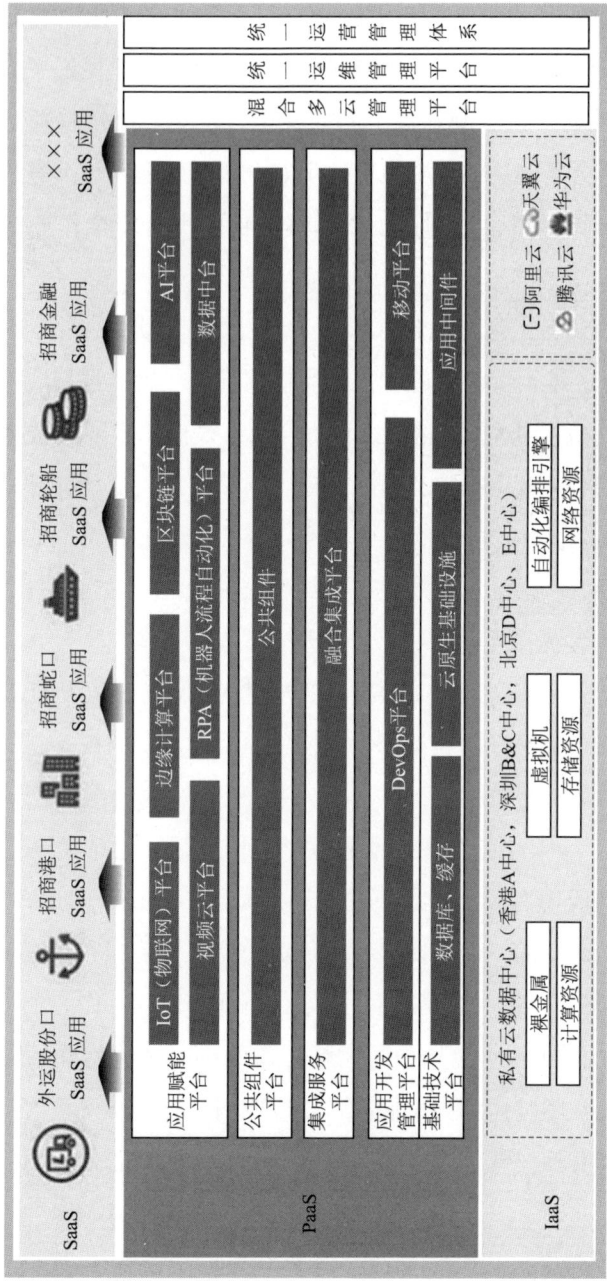

SaaS
- 外运股份口 SaaS 应用
- 招商港口 SaaS 应用
- 招商蛇口 SaaS 应用
- 招商轮船 SaaS 应用
- 招商金融 SaaS 应用
- ××× SaaS 应用

PaaS
- 应用赋能平台：IoT（物联网）平台、视频云平台、边缘计算平台、AI 平台、区块链平台、RPA（机器人流程自动化）平台、数据中台
- 公共组件平台：公共组件
- 集成服务平台：融合集成平台
- 应用开发管理平台：DevOps 平台、移动平台、应用中间件
- 基础技术平台：云原生基础设施、数据库、缓存

统一运营管理体系
统一运维管理平台
混合多云管理平台

IaaS
- 私有云数据中心（香港 A 中心、深圳 B&C 中心、北京 D 中心、E 中心）：裸金属、计算资源、虚拟机、存储资源、自动化编排引擎、网络资源
- 阿里云
- 天翼云
- 腾讯云
- 华为云

第二部分 场景突破　　　103

2019年6月的一天，一如往常，早上7点多，在深圳前海妈湾港的接驳巴士上，赵师傅已经对新一天的高空作业做好了心理建设。10分钟前，他刚刚开完了岗前安全警示会。虽然赵师傅和同事已经把安全条例烂熟于心，但这个安全警示会还是每天三次，雷打不动，领导不遗余力地讲三次，提醒他们保持安全作业意识不放松。

随着接驳巴士到站，赵师傅到了自己的工作地，一个50米高岸桥的脚下。他需要搭乘电梯上到岸桥顶部，然后通过一段狭窄的镂空走廊去往驾驶室。虽然已经走了19年，但每次通过镂空的走廊时他还是不免有点小腿肚打战。进入驾驶室后，他就要开始一天的集装箱装卸工作——要么是将刚刚停靠在泊位的货轮上的集装箱卸到前方堆场[①]，要么是将前方堆场上正在堆放的集装箱一个个装进准备重新起航的货轮。

岸桥驾驶室的底部也是镂空的，这是为了让岸桥司机能够看清楚要装卸的集装箱，以及整个装卸过程。因为需要俯视，赵师傅的工作需要低下头弯着腰干，这一低一弯，持续一个班组，8个小时。

2000年，从青岛港湾技术职业学院毕业后，赵师傅就进入招商港口集团股份有限公司旗下的深圳妈湾港，成了一名岸桥司机。岸桥司机是港口的一个重要工种，负责操控岸桥装卸和搬运集装箱的工作。起初几年，仗着年轻身体好，赵师傅连续工作8个小时也不觉得累。但随着年龄增长，弯腰工作两小时，他就开始腰酸背痛，而这也是赵师傅和同事们的常见职业病。赵师傅说，大部分老岸桥司机都有腰、背、颈椎相关的病痛。如果病痛恶化，职业生涯

[①] 位于码头前沿与后方堆场之间，主要用于出口集装箱或进口集装箱的临时堆放。

可能 40 多岁就中断了。

除了腰、背、颈椎肌肉劳损带来的病痛，岸桥作业还得克服颠簸带来的眩晕感。因为岸桥的作用就是将二三十吨重的集装箱进行吊装，集装箱巨大的惯性会带动岸桥本身的摇晃，而 50 米高驾驶室的摇晃程度会更加明显。据赵师傅讲，刚开始开岸桥时，高空中的摇晃让他既晕又怕，不超过 30 分钟就会被颠簸得头晕想吐，很多年轻的岸桥司机都会被吓退。

另外，集装箱在船上都是堆叠存放，需要通过锁扣固定，因此集装箱吊装必须能精准地对准锁孔，允许的误差在厘米级别。由于不同货轮的结构不同，吊装的操作需要根据船况做出调整。无论是操作需要的精确度，还是多类型的船况，岸桥司机都需要足够的练习和时间才能一一掌握和应对。

据赵师傅介绍，一个新岸桥司机接受一个月的培训就能上岗，但要成为一个成熟的岸桥司机，最少需要吊装 3 万个集装箱，这差不多需要一年。

恐高、颠簸、较长的培养周期共同造成了岸桥司机招工难的情况。随着长达 20 多年进出口业务和近年来用工荒问题的加剧，岸桥司机的人才缺口成了港口企业不得不面临的挑战。

对自己职业前景有顾虑的不止赵师傅，唐小林也有他的困惑。唐小林和赵师傅是同事，但两人分工不同，唐小林是负责水平运输集装箱的集装箱卡车司机（行业术语为"集卡司机"，下文用此简称）。

唐小林的工作是在前方堆场、后方堆场[1]之间穿梭，负责对集

---

[1] 紧靠前方堆场，是码头堆放集装箱的主要部分，用于堆放和保管各种重箱（装满货的集装箱）以及空箱（清空货的集装箱）。

装箱进行水平运输——既要把前方堆场上的进口集装箱拉回后方堆场，也要把后方堆场上准备出口的集装箱拉到前方堆场。因此唐小林和赵师傅互为上下游。

赵师傅的职业病是腰肌劳损，而唐小林的工作最大的问题是无聊，这就会带来潜在的危险。唐小林之前是跑干线物流的卡车司机，虽然辛苦但相对自由，成为妈湾港的集卡司机，图的是收入稳定。就像前文的描述，他的工作就是在前后堆场间水平运输集装箱。封闭的港区、相对固定的路线，一成不变的"风景"，人很容易在钢铁洪流中陷入疲乏。

"集装箱吊装过程中钢铁摩擦碰撞的叮咚声，数百辆集卡忙碌穿梭的隆隆声，同事们交接单据时的叫喊声……它们不是交响乐，而是刺穿耳膜和搅动脑仁儿的噪声。"像唐小林一样的集卡司机们，每天都淹没在这样的"交响乐"中，紧张久了难免会疲乏。

由于他们是在前后堆场之间穿行，头顶上有"飞来飞去"的集装箱，身边有穿梭的其他集卡，每一个都是几十吨重的钢铁怪物，一旦集卡司机因疲乏造成交通事故，大概率就是车毁人亡的惨剧。因此，岗前的安全预警会就成了常态，一天讲三次就在情理之中。

这种高强度的工作和司机难以避免的生理性疲乏，带来的次生影响就是整个港区水平运输的高冗余——司机不能开得太快、间隔不能排得太短，同一时空跑着的集卡不能太密，因为太高效的耦合，意味着更低的容错率和更多的危险。

无论是出于解决岸桥司机的职业病、消除集卡司机的安全隐患，还是为了提升整个港口的运行效率以及可持续发展，包括妈湾港在内，全球所有港口的无人化和智能化都是趋势所在。

另外，除了考虑员工的权益保障、企业的经济效益，妈湾港更需要考虑的是自身的区位功能，以及肩负的区域发展枢纽责任。

妈湾港区位于蛇口半岛（原名南头半岛）西南低山丘陵地带，珠江入海口主航道北岸，占地面积 98.36 万平方米，是深圳六大水运口岸之一。其泊位岸线总长 1930 米，现拥有泊位 5 个，年吞吐量可达 300 万标准集装箱，可供靠泊世界最大型的集装箱船舶。

妈湾港建成于 1989 年，是蛇口半岛港口集群的重要成员之一。而整个蛇口半岛港口集群是中国最大的海港转运枢纽之一，拥有深圳地区最大的客运码头，是整个华南地区重要的粮食、建材等大宗商品的集散中心和内贸集装箱中转口岸。

坐拥这样的区位优势，妈湾港要肩负的进出口枢纽使命不言而喻。从功能划分来看，在蛇口半岛港口集群中，妈湾港肩负着华南地区散杂货、液体化工产品、油品和煤炭等大宗商品的进出口重担。

深圳海关统计数据显示，截至 2022 年底，深圳市外贸进出口 3.67 万亿元人民币，规模创历史新高，比 2021 年（下同）增长 3.7%。其中，出口 2.19 万亿元人民币，规模连续第 30 年居内地外贸城市首位，增长 13.9%；进口 1.48 万亿元人民币，排名全国第三。

妈湾港作为深圳六大水运口岸之一，在深圳外贸狂飙突进的 30 年里，货物综合吞吐能力必须同步提升。特别是受新冠疫情的影响，国外供应链瘫痪，国际市场对中国货物出口的依赖度快速上升，妈湾港的经营压力陡然提升。

因此，从对区位经济承担的产业链责任出发，妈湾港必须寻求品质变革。2019 年底开始，妈湾港开始推进数字化改造方案，第一步就是与振华重工合作，引入自动化远控岸桥。

所谓自动化远控岸桥，通俗来讲就是岸桥的集装箱装卸作业以后可以自动化运行，司机可以离开驾驶室，在千米开外的办公区远程操控岸桥，解决需要人工干预的个性化作业问题。

赵师傅介绍，现在一个岸桥司机可以远程操作 6 台自动化岸桥。由于不再需要弯腰作业，他们的职业病得到了极大缓解，从业周期也在大幅度延长。另外，改成办公室作业之后，恐高等问题也随之消失，这使得未来新岸桥司机招聘的难度大大降低，用工矛盾也得到了缓解。

但要成为一个远控岸桥司机，新司机还是要经过一个月左右的本地岸桥作业培训，因为远控岸桥是通过屏幕操作岸桥，司机必须对真实的作业场景有一定的空间感知和熟悉度。同时，要考虑场景延迟问题，远控岸桥司机需要适应摄像头变焦。

用赵师傅的话来说，要成为一个成熟的远控岸桥司机，3 万个集装箱装卸作业的锻炼，仍是门槛，也是自动化岸桥仍然需要人工的原因。

针对唐小林等集卡司机的职业困境，妈湾港也做了变革——引入了 38 台无人驾驶的集卡。和远控岸桥一样，无人驾驶集卡也可以根据指令自动运行，全自动地在前后堆场之间来回穿梭完成集装箱的水平运输，但同时需要集卡司机远程操作，解决一些突发问题，比如手动操作绕开占道的故障车或障碍物。

传统集卡司机最大的困扰是嘈杂和单调的工作环境带来的疲乏与安全威胁。现在唐小林等集卡司机摇身一变成了无人驾驶安全员，坐进了办公室，困扰就自动消失了。

以上自动岸桥和无人驾驶集卡所涉及的自动化技术，并非只是从外部引入自动化设备这么简单。因为港口是个多专业分工、环环相扣的复杂协作网络，单个设备、单个环节的品质变革并没有太大价值，每个环节都是整个链条上的一环，同时受制于其他环节。因此只有全链条、全网络实现品质变革，整个港口的效率和安全性才能提升。

妈湾港的自动化变革，是以妈湾港的母公司招商港口自主研发的自动控制平台为中枢，对港区的自动化设备实现无缝衔接，才最终实现自动装卸、无人驾驶和无感通行。除了前文提到的自动化岸桥和无人驾驶汽车，这个自动化网络还包括了自动化闸口、远控场桥等多个场景和自动化设备。

要实现这些设备高精度的自动化以及强耦合的协同作业，就必须解决高精度定位与高速率、低延迟通信的难题。以上两个难题，正好有现成的技术解决方案——北斗定位技术和5G通信技术。

先说5G技术的应用与布局。据招商局妈湾智慧港区操作系统策划经理刘昊介绍，基于5G的高速率、高带宽、低延迟等优势，妈湾港可以支持大规模无人机、无人集卡、远控岸桥等港区设备的顺利运行和安全协作。

据悉，在妈湾港，通过全域布局5G基站，目前已实现了整个港区的5G信号全覆盖，而妈湾港也成了全国首个5G港口创新实验室。

再说北斗定位技术的应用与布局。据刘昊介绍，在妈湾港，北斗定位技术主要应用于数字孪生系统（在虚拟空间复刻实体装备的全生命周期过程）、场桥、岸桥、拖车等设备定位，以及与AIS（自动识别系统，用于船舶的拖拽和导航）和GIS（地理信息系统，是一种制图和分析软件）打通。由于北斗系统具有全天候、全覆盖、抗遮挡、无死角的优势，可以达到厘米级的定位精度，因此它可以帮助港口实现设备设施的高精准定位。

"数字孪生系统利用北斗定位等创新技术，通过高精模型可以1∶1还原码头的真实场景。这样的系统融合，不仅可以再现已经发生的操作过程，还能按照既定的计划预演未来，优化计划，实现低成本试错，很好地支持码头操作高效管理。"刘昊说道。

经过这些全方位的自动化、智能化改造，妈湾港脱胎换骨，名字随之升级成了"妈湾智慧港"，并于 2021 年 11 月 14 日重新举行开港仪式。"在妈湾智慧港，我们全球首创了自动化设备与人工设备混合作业的模式，能够节约建设成本约 50%，提升作业效率 30%，减少现场作业人员多达 80%。"刘昊介绍道。

但自动化的实现并非妈湾智慧港改造的全貌，因为这些只是设备层和应用层的更新和链接，只能算局部变革。妈湾港真正要实现的是自上而下的整体变革，能根据外部的环境变化快速自我迭代和调整，而这就必须实现全域的数字化改造。

很多传统企业的数字化变革，都是先采购一些专项的数字化应用和智能设备，去解决企业运营中遇到的具体问题。这些专项应用和设备由于来自不同的厂商，对底层数据的定义往往不统一，因此企业打通应用进行数据交换时会遇到各种门槛，从而面临应用烟囱化和数据孤岛化的困境。

这样的背景下，企业的数字化能力不是有机融合，相应地，它就不可能基于自身相互割裂的数字化基础，去实现像互联网公司一样敏捷的业务迭代和组织变阵能力，更不可能在此基础上实现对数据的有效利用，以及完成业务及模式的迭代创新。很多传统企业的数字化变革往往中道崩殂，这反而拖累了企业的发展。

为此，妈湾港的智慧化改造，选择了从操作系统层面彻底推翻重建。

现代化的港口作为一个复杂协作网络，必须依靠一套操作系统才能有条不紊地运行。在业内，港口操作系统简称 TOS（terminal operation system，即码头操作系统），其作用是对港口所有的运营环节进行统一管理和调度。

历史上，由于国外的 TOS 厂商起步早，技术先发优势明显，国内综合集装箱港口的 TOS 往往采购自美国的 Navis 公司、Tideworks 公司以及韩国的 Total Soft Bank（TSB）公司等行业领先者。

但这些 TOS 针对中国的本土化改造做得并不让人满意，和作业场景无法很好适配，且底层接口也没完全开放。因此，中国的港口面临的问题是，在这些国外 TOS 上接入新应用费劲，基于这些 TOS 推动大的变动和创新更是难上加难。

为此，妈湾智慧港与招商局国际科技有限公司合作，基于招商芯（自主研发打造的港口核心操作系统），定制开发了妈湾智慧港的 CTOS（container terminal operation system，集装箱码头操作系统）。

招商芯 CTOS 采用图形与数据紧密结合的方式，实时监控码头的各种作业进度，直观显示船舶装卸、泊位使用、库场货物堆放、机械工作、闸口收发箱等情况。这套操作系统还可以方便快捷地合理调配资源，加快作业进度，从而提高码头船舶装卸能力、堆场利用能力以及闸口通行能力，最终提高码头的综合经济效益。

招商芯 CTOS 除了支持船期管理、船舶计划、闸口管理、堆场管理等传统码头业务操作外，还拥有智能堆场计划、智能配载、场桥智能调度等智能化的高级功能。其中，CTOS 的智能化能力集成了外部厂商的人工智能技术。"妈湾智慧港应用数学建模、最优化处理、深度学习等人工智能技术，实现了智能配载、自动堆场、智能作业调度及智慧安全管理。而且，自动计划将千箱配载从 2 小时降低至 6 分钟内，降低堆场翻场时间。"

经过这样从底层基础设施到上层应用及设备的全域改造，妈湾智慧港已被打造成一个数字化综合体。一方面，它可以将自身的能力接口向外输出；另一方面，它能根据外部的反馈，并集成外部的数字化能力，推动内部的业务创新和变革。

接下来让我们看个实例——上下游海关的一体化报关与通关解决方案。

前文我们提到过妈湾智慧港的地理分布和区位功能——作为珠江入海口的重要港口之一，不仅承担着进出口的任务，还是珠江内河航运的中转站。在过去的运营模式下，货主和船东在出发地海关完成报关工作后，到妈湾港中转时还得再进行一次报关工作，平均耗时 7 日。

如果是出口贸易业务，从工厂出货到码头装船，最长时甚至要耗费 60 天。这个过程涉及出口商、进口商、物流商、港口机场、金融机构和政府部门等流程主体，每个环节都需要大量的文件和证明，而港口生态的多个实体公司文件类型不一，格式也各异，交互过程异常复杂。

区块链的公信机制成为破局点。腾讯云协助招商局集团打造区块链平台，金融壹账通基于区块链技术帮招商港口建设粤港澳大湾区组合港，目前该组合港已纳入粤港澳大湾区 30 个港口，实现快捷通关。集团区块链平台和组合港实现跨链调用，有效助力通关业务便捷化。基于此，双方成功构建了通关一体化、南北通道、进口水果等业务平台，创新实现了粤港澳大湾区组合港"一次申报、一次查验、一次放行"的通关模式，此举可以节省约 30% 的报关成本，平均堆存期从 5~7 天缩短至 2 天以内。

同时，招商 ePort 平台[①]对接了国际贸易窗口、粤港澳大湾区组合港平台、船代、报关行、铁路货运公司、内陆场站，以及其他相关物流平台，综合运用移动互联网、电子支付等多种技术，打造了港口产业互联网平台。

该港口产业互联网平台不仅集成了线上线下服务，构建物流生态圈，为客户提供全流程的智慧服务，而且提供班轮和驳船船期信息、集装箱动态信息、海铁联运等服务，实现港口生态圈各企业与客户协作线上化、移动化、自动化。

以区块链为突破口，这套体系让招商港口的通关效率比肩自由贸易港，使整体物流效率提升了 60%，物流成本节省了 50%，同比吞吐量增长超 6 倍。而腾讯云提供的 TBaaS（腾讯云区块链服务平台），以国产开源、自主可控的长安链为基础，也满足了招商局这类大型央企对国产化的要求。

通关效率的提升，是妈湾智慧港在自身数字化能力之上，与外部发生的高效链接和相互迭代。当然妈湾智慧港能做到这些，离不开一个基本事实，那就是招商港口提供的技术支持和资源支持，而招商港口的这些能力则建立在整个招商局集团的数字化技术基座之上。

作为招商局集团的"智慧母港"和"海上丝绸之路"桥头堡，妈湾智慧港的数字化变革，具有全面感知、广泛互联、高度共享、自主装卸、全方位可视、智能管控、智慧决策及深度协同八大智慧特征，内容涵盖智慧互联、智慧运营、智慧决策三大板块等多个系统，能够为客户提供全流程的智慧服务。

[①] 招商港口的客户统一服务平台，由招商港融大数据股份有限公司研发。

综合以上数据，招商局智慧港的品质变革带来了整体运营效率的极大提升，以妈湾港为例，配载效率比人工提升15～20倍，现场作业人员减少80%，综合作业效率提升30%，安全隐患减少50%，碳排放量减少90%，进出口通关效率提升30%以上，比全自动码头建设成本节约50%，年吞吐量是从前的3倍，从100万标准集装箱提升到了300万标准集装箱。

"特别是对于全球化供应链所有环节的覆盖、跨境参与者身份的确认，以及物流商品状态的确权，区块链技术是终极解决方案。"张健在多个场合都提到，区块链是招商局物流供应链数字化未来的创新重点，随着技术的落地，未来有望节省万亿元级别的成本。

也正是如此，招商局统一建设了集团共享跨板块的BaaS（区块链即服务）平台，建立了四条横向主链提供公共服务，包括在物流、金融等方面，N条专注于业务场景的子链。

招商局智慧港口"高质量"跃迁的背后，是招商局集团整体的数字化变革。

- 小结 -

招商局集团旗下的一、二、三级子公司及重要参股公司多达109家，经营范围涉及港口、航运、公路、物流、海洋装备制造、大宗商品贸易等交通物流相关的重型实体产业，和银行、证券、基金、保险、直投、租赁等综合金融业务，以及城市地产、产业园区等的开发与运营，还有大健康、一体化检测等新兴产业，2022年其总营收达到9590亿元，总资产规模超过12.4万亿元。

这么一个庞然大物，涉及这么多行业，丰富性不言而喻，而且这些行业都是重资产投入、复杂分工架构的重要实体产业和现代金融业。尽管如此，招商局集团依旧是近几年来少有的在数字化浪潮中顺利完成了数字化初步变革，以及变革成果被各界广泛认可的大型央企。

招商局集团的数字化变革既有自上而下的顶层制度设计、技术基础设施搭建、组织变阵以及共识透穿，也结合了二级子公司自下而上的创新力，允许后者基于公共平台开展符合自身行业特性与企业发展需要的数字化应用创新。

因此，在招商局集团的案例中，我们既可以从一个子公司、一个具体业务实体的角度，看到数字化是如何落地的，对业务产生何种影响等直观层面的细节；也可以从更宏观的角度认识到涉及超20万人的巨型集团在变革中会遇到怎样的天然阻力，以及总部是如何自上而下排兵布阵推进变革的。

腾讯与招商局集团的合作始于2017年，双方在多个业务板块共同探索数字技术和实体产业相融合的创新实践，这一进程也很好地诠释了实体产业是如何利用数字技术实现如虎添翼效果的：双方联手打造出央企首个信创区块链平台，共建物流联盟链，通过区块链技术的应用，极大地提升了粤港澳大湾区集装箱的流转效率；招商蛇口引入数字营销技术和企业微信，为一线城市的销售拓展赋能，使其销量在疫情期间逆势增长；招商轮船采用成熟的线上展会方案，让线上世界航商大会成为行业最大规模的展会……

百果园：

"三步走"构建水果零售全产业链"数字体系"

20世纪90年代初，正处于下海创业潮的高峰期，从江西农业大学毕业进入江西农科院担任研究员的余惠勇，内心蠢蠢欲动。最终，内心的闯劲儿战胜了"铁饭碗"的诱惑，余惠勇选择辞职南下深圳，于1995年顺利入职了一家食品公司。

在深圳，余惠勇被压抑的商业天赋很快显现了出来。他将当时还不流行的红富士苹果引入深圳，并搭建了有27个直销点的销售网络，通过这个举措，只用一年时间，就帮公司创造了近亿元的销售收入。

据余惠勇回忆，当时刚进入中国的沃尔玛给他发了一份月薪6000元的offer（录用通知），希望把他挖走。彼时，拿着1200元工资的余惠勇拒绝了，他有更宏大的梦想。在红富士的销售活动中，他看到了水果零售连锁生意的创业机会，希望说服当时的老板支持他开展这项业务。但调研了一圈，也请教了一位著名的经济学家后，他的老板并没有被说服，还泼了一盆冷水："单独靠水果一个品类开零售连锁店，国外都没有成功的案例。"

余惠勇再次做了一个艰难的选择——辞职创业。2001年，余惠勇创立了百果园。2002年，他在深圳开了第一家门店，很快就做到了单店月流水40万元的销售额，紧接着又有了第二、第三、第四家门店。但他发现，虽然店里流水很高，却没什么利润，甚至还亏钱。

这个局面一直持续。到2008年，百果园在华南拥有了100多家店，但已经连续亏损7年。

何去何从？余惠勇面临艰难的选择。

百果园门店

直面复杂的"水果供应链"：在线化解决"质量管理"难题

2006年，余惠勇为百果园确立了"一生只做一件事，一心一意做水果"的企业愿景。虽然持续亏损让他很煎熬，但他咬牙坚持，重新开始认真思考：这个连国外都没有成功案例的水果零售连锁生意，究竟该如何做？

习惯在门店一线聆听用户反馈的余惠勇，偶然从一个小朋友嘴里听到，喜欢百果园的原因是水果好吃。"水果要好吃"五个字一下子击中了余惠勇，他开始审视这个几乎是商业常识的问题，但它似乎被自己和所有人忽视了。

"水果要好吃"是把水果生意做成的前提，但水果是农产品，农产品的属性就是不标准，水果好不好吃完全看运气，就算是同一批次采购，甚至同一棵果树上摘下来的果子，味道都不一样。也就是说，消费者能不能吃到好吃的水果全凭运气。口感的不统一会导致用户无法对门店和品牌形成一致的预期，也就难以对品牌形成情感认同，要不要进店买水果就完全是随机决定了，而品牌的护城河也就无从建立。

"水果不一定好吃"虽然是当时的常态，换哪家店都一样，但余惠勇发现这个 bug（缺陷）后决心解决——让水果一直好吃。

2008 年开始，余惠勇带着团队进入种植端，与种植户直接建立合作关系，希望能在源头保证水果的质量。在这个过程中，新西兰猕猴桃产业以及 Zespri（佳沛）公司的崛起，让余惠勇看到了方向，也发现了一个巨大的商业机会。

水果零售这门生意的规模化，在全世界看都是一件很难的事，而能做到百亿营收、千亿市值的公司，更是一只手就能数过来，比如新西兰的佳沛公司。数据显示，2021 财年佳沛公司实现了 181 亿元人民币的营收，而它实现这近 200 亿收入却只靠卖一种水果——奇异果，也就是猕猴桃。

对于猕猴桃，中国消费者都不陌生。这种水果原产自中国，但是，佳沛奇异果在中国市场按颗卖，当时单果的价格能达到十几元，而中国本土的猕猴桃却连10元一斤都鲜有人问津。背后的原因就在于是否"好吃"，且"一直好吃"。

佳沛在中国以及全球市场的优异表现，让余惠勇看到了水果生意的"突破口"，那就是创立单品品牌。2010年，余惠勇正式打造自己的猕猴桃品牌"猕宗"。

2015年，猕宗猕猴桃在百果园渠道首次试销，迅速获得众多消费者认可。到了2020年，仅在国庆期间，百果园就上架销售了逾1200吨猕宗，并且供不应求。

与猕猴桃类似的，还有草莓、苹果、李子等水果品类。目前，百果园还打造了红芭蕾草莓、良枝苹果、不失李李子等31个自有品牌。

猕宗猕猴桃

陕西周至猕宗猕猴桃

南京红芭蕾草莓 　　　　　　　　　山东良枝苹果

"单品"品牌化突破的同时，余惠勇还必须同步解决"水果的损耗问题"。原因是，水果的生鲜属性决定了它易损耗且难储存，口感还随着时间的流逝而快速变差。

百果园集团副总裁徐永剑向我们介绍，百果园早年的一个草莓品类，从产地到销地的过程中，损耗率达到了30%～60%，因此这个品类不管怎么卖都注定是赔钱的。

大部分的损耗是由于缺乏计划性：没有摸清楚消费者的预期就购进了一批水果；没有根据水果的特性划分不同的温区进行储存，有的品类就烂在仓库，有的品类则因为温度过低而无法自然熟透；无法管控供应商的配货速度，从而错过了最佳销售期，不够卖或者滞销造成损耗；等等。

要解决这些问题，需要百果园的产供销体系更有计划性，并建立起一体化运营能力。

在上游，百果园需要大量搭建合作种植的基地，保证自采比例，提高上游供应链的稳定性，建立可持续供应链。

在中游，百果园需要建立不同的温控保鲜区，满足不同果品仓储要求，实现采购—仓储—配送的全供应链一体化管理，从在地头的预冷、产地仓的温控、运输链路的监控、城市仓的精确保鲜，直到门店合适的销售环境，确保将水果最长的生命周期留给顾客。

在下游，百果园需要建立线上线下紧密结合、店仓一体化的水果加盟零售业务模式，以快速变化的消费数据，指引整个种植端的生产计划、物流仓储端的调配方案。

显然，靠传统的信息化方式，要做到这样的系统化运营和管理，几乎是不可能的。唯一的解决方案，只可能是建立全面"线上化"和"数字化"系统。

百果园集团副总裁、资深合伙人徐永剑向我们介绍，虽然早在2008年，百果园就已经开始试水电商，并且向外采购ERP等办公、业务信息化系统，但真正开始全面线上化、数字化能力建设，并决心把企业全部经营活动完成数字化改造是在2015年。

正是这一年，徐永剑加入百果园，负责百果园技术团队的搭建和数字化能力建设。在最初的三个月里,徐永剑带着十几人的技术团队开发了第一版面向消费者的电商 App,和面向供应商的交易平台,初步将面向 B、C 两端的业务实现线上迁移。

但是,迎面而来的第一个难题就让他意识到问题远比想象的复杂:原先的 ERP 系统,逻辑功能都是为解决线下业务信息处理而设计的,很难支撑来自线上的业务逻辑实现,也很难应对线上高并发业务的大流量计算需求冲击。

百果园管理层很快就做出了决策,要分信息化覆盖、在线化改造和全面数字化三个步骤,完成百果园全产业链的数字化体系搭建。

其中,实现对百果园全产业链的信息化覆盖是第一步,也是基础工作,因为只有实现信息化覆盖,百果园的所有经营活动才能被记录和有数据积累,而有了这个前提,百果园才有进一步实现数字化改造以及数据化经营的可能。

信息化并非新的课题,有很多成熟的经验可以借鉴。不过,因为百果园不是一家专注于连锁零售这一个切面的公司,而是打通了全产业链实现产供销一体化的重运营架构,需要信息化的业务、环节和角色都非常多,所以这看似简单的基础工作,依旧花了两年多的时间。

到了 2018 年,百果园的全产业链信息化覆盖已经基本完成,于是徐永剑带领团队开始推进第二步——对所有业务进行在线化改造。从这一步开始,徐永剑算是带领团队正式步入了探索的"无人区"。为了让这个进程更顺利,百果园与腾讯云建立合作,借助腾讯云的云计算能力以及产业数字化经验,逐步建立起自身的数字化系统和能力。但具体到水果产业的业务模型梳理与数字化建模,百果园就只能靠自己来完成,毕竟自己才是最懂生鲜产业的。

在徐永剑看来，在线化改造与信息化覆盖的区别在于，信息化能达到的程度，仅限于对过往的功能模块、业务链条等在电子信息世界完成复刻，信息化软件之间是割裂的，分别在不同的场景下为业务提供价值。割裂的代价是整个产业链和组织相对固化，没有能力根据外部环境变化快速迭代，它也就不能像互联网公司一样，灵活地实现业务创新甚至组织变阵。而这个弊端，对百果园的未来而言是个致命的缺陷。

在线化改造恰好就可以弥补这个缺陷。为了做好在线化改造，徐永剑重点布局两个系统的建设：一个是围绕零售板块的在线化系统，尽量将各个业务共性的部分完成整合，实现资源更聚焦和更高效利用；另一个则是跨系统的在线协同系统，让水果产业大量非标化的问题可以被个性化地解决。

徐永剑将在线化的协同系统命名为"雁阵"系统，它由百果园投资的一家专注于为水果生鲜产业提供 SaaS 服务的科技企业深圳市优鲜互联科技有限公司开发。

在前台，雁阵系统旨在实现任务化和场景化的连接，百果园各环节成员可以通过自定义视图，以事件为中心建立工作卡，实现个性化的任务布局。

在中台，雁阵系统通过帮助百果园创建场景服务入口，以微应用的方式，实现企业内业务的快速连接。

在后台，雁阵系统通过打通百果园的业务数据，实现人、设备和业务的产业连接，并通过整合产业链上下游企业的业务数据和信息，实现企业内外部的跨平台沟通。

优鲜互联前任总经理张来贺曾在对外采访中这样解释雁阵系统的价值：对于协同任务中的不同参与者，工作卡可以提供人与人之

第二部分　场景突破

间完整的上下文关系，实现不同组织、系统中参与者信息的共享，从而实现更快、更有效的协作；对管理人员来讲，驾驶舱式视图可以清晰地展示团队和员工的任务、完成度，实现其对业务流程的全面把控。

"雁阵协同平台还可以打通微信、企业微信、钉钉、短信等。"据徐永剑介绍，通过产业协同的方式，雁阵系统让生鲜行业个性化的业务场景实现了快速协同。目前，该系统已在百果园多个业务环节使用，仅末端销售环节便将水果损耗降低了3%～5%。

经过IT团队不断推进，到2021年左右，百果园已经实现全产业各个环节100%的在线化覆盖，其中的关键业务系统几乎都由百果园自主研发。

在百果园整体的数字化能力建设进程中，让徐永剑感到欣慰的是，团队在不断攻坚克难的过程中逐渐向互联网公司的技术团队靠拢，也逐渐具备了根据外部环境剧烈变化快速迭代产品的能力和素质。

一个典型的案例发生在2020年。新冠病毒刚开始大规模传播的时候，除了向用户保证水果的供应，百果园也希望将刚推出的生鲜品类向消费者供应，因为那个时候消费者对生鲜食材保供的需求强烈。

为了满足这个需求，徐永剑带领团队用了3个月时间，基于原本水果业务的在线化系统，快速开发出了针对生鲜的"次日达"App及小程序，并且完成了从前端到后端所有在线化业务系统的改造。

2022年，在上海新冠病毒感染最严重的时候，百果园为了保证生鲜供应，IT团队再次打了一场硬仗。当时上海只有五分之一的门店能够正常经营，但这五分之一正常经营的门店，需要承担之前全量门店的供应能力，并且用户采购的订单量远远多于平时。这样极端的情况下，百果园的在线化系统成功承受住了经营冲击，保障了供应。

截至 2022 年底，百果园的 IT 团队达到了 480 人规模。放眼整个生鲜产业，在技术研发上的投入规模和决心，百果园算是第一位。与此同时，百果园也已经基于全产业链的在线化改造，建立了七大生鲜产业互联网平台，包括销售平台、金融平台、交易平台、供应链平台、营销服务平台、标准化种植平台、数据与分析平台。

以数字化模型重塑业务流程和产业链逻辑

从 2022 年开始，百果园的数字化能力建设就全面进入了第三步，即全面的数字化转型，真正建立利用大数据指导经营决策的数智化能力。

不同于信息化覆盖和在线化改造，全面数字化不再是仅仅对业务流程和环节链条进行信息复刻，以及在线协同，而是基于数字化的能力，对现有的业务流程、产业链逻辑进行重塑，从而做到一些此前想做却做不到的事。

徐永剑认为，百果园当前数字化改造最重要的一个任务，就是围绕百果园的业务做数字化建模，以及根据这些数字化模型去构建新的流程体系。

这么说或许比较抽象，举个例子，上文提到由于水果易损耗，水果零售不同于一般商品零售，除了要关注周转率，更要关心产销率，因为产销率能反映水果卖得是否足够快。而卖得快不快，决定了水果是否能在鲜度完全流失前就被卖出去，并被消费者满意地吃掉。

过去，百果园更多是靠企业文化牵引产业链各个环节尽量"快"，无法有效量化、精细化管理。有了产销率的数字化模型，百果园就能根据各个节点反馈来的数据，监测"快"的具体速度，以及明确卡点产生的环节，同时根据卡点的数据反馈，实时、智能地提醒相关环节将管理动作落到实处、执行到位，很好地解决这个问题。

再比如，门店增长数字化模型让线下实体店的新增、扩张、管理变得更加科学。

线下新开实体店普遍存在一个不短的养店过程，新店初来乍到，需要和附近的消费者慢慢建立情感连接并得到品牌认同。这个养店周期反映在财务上，就是一个销量不断爬坡的过程，需要在一段时间后才能越过盈亏平衡点，新店才能成为为企业持续创造正向收益的成熟老店。

对单店而言，这样的过程还算可控，但当成百上千家门店同时段内，连续不断地开设起来的时候，反映在整体财务上的数据，就可能预警公司出现了经营效率下降和财务模型恶化。若在以前，没有足够多维的数据支撑决策，企业的做法肯定是暂停扩张，追求稳扎稳打。但在当前跨界创新不断、高烈度竞争、时间窗口以月计的市场环境中，稳扎稳打的做法很可能使企业因扩张不够敏捷而被竞争对手远远甩在身后。

徐永剑建立门店增长的数字化模型，就是为了从多个经营数据的维度，描画出一个相对完整客观的增长曲线，让决策者明白当前的规模扩张究竟是符合预期，还是已经偏离了安全区间。这种及时反馈的动态指标，是过去那种后置的静态财务指标无法比拟的。

2015年，百果园的门店突破1000家，随后它开始加速门店布局，到了2024年中，百果园的门店总数达到6025家，覆盖全国150

多个城市。这种扩张速度与其信息化、线上化和数字化模型的建立密切相关。

可以说，正是因为持续的数字化建设，百果园获得了能看清前路的望远镜，而不是像同行一样蒙着眼睛狂奔，无所凭依，全靠勇气。正因如此，百果园这些年的快速扩张多了些坦然，少了些畏缩不前。而这个过程中，百果园的核心管理团队也从正反馈中，不断积累起对数字化转型的决心和信心。

类似的数字化模型，百果园在不同节点建立了很多个。而在业务快速扩张、IT 建设急速前行的过程中，IT 团队自身的数字化能力也需要不断提升。

例如，其中一个关键的问题是，业务需求激增、用户数量暴涨时，数字化研发的项目数量也逐年呈现倍数级增长。这也使得多平台、多项目的标准化管理难度升级，非一体化研发管理体系的瓶颈越来越凸显。

为了解决上述问题，百果园选择腾讯云的 CODING DevOps 作为统一的研发管理平台。一方面，CODING DevOps 整合了百果园从需求评审，产品设计、开发、测试到发布验证的全流程，确保各功能团队能围绕产品需求开展更透明、更敏捷的协作活动，成本也随之大幅降低。另一方面，CODING 提供的丰富数据接口以及与小程序、企业微信多端的互通，为百果园自研的度量审计工具提供了多样化的源数据。

各个关键节点数字模型的搭建，以及团队能力的持续提升，也为徐永剑解决百果园数字化转型中最难完成的课题奠定了基础：搭建起属于百果园的消费者行为数字化模型。

这不仅直指水果零售的核心矛盾，也对供应链"以销定产"的大原则有重要指导作用。

持续构建消费者行为数字化模型：打造"以销定产"模式

说到零售最大的难题，就是一定程度预测消费者行为。在经典的"4P营销理论"中，商家围绕产品、价格、渠道、促销四要素，通过各种排列组合设计出不同的营销策略，并希望对用户产生积极的影响，从而带动消费转化。但是在不同因素的叠加下，结果的好坏企业无从追因，也就很难积累经验。因为企业不知道哪些策略是有效的，也就无从放大营销投入；同样，企业不知道哪些策略是无效甚至有负向效果的，也就不知道需要及时放弃哪些营销方案。

特别是在百果园这种加盟模式下，如果搞不清楚哪些策略有效，哪些策略无效，就无法有效指导加盟商的经营，长期而言对品牌价值的积累，甚至企业经营的稳定性都是一种隐患。因此规模越大，百果园就越迫切需要尽量搞清楚消费者的消费偏好与规律。

在建立消费者行为模型的过程中，徐永剑发现其中最重要的就是建立消费者的价值分层模型，因为所有的营销策略都是针对特定人群设计的，只有掌握了消费者价值分层模型，才能知道具体的营销策略是否有效，在哪一分层有效，以及有多大价值。

在百果园的发展过程中，目前而言最重要的一个营销策略就是"不好吃三无退货"，即消费者只要觉得不好吃，就可以在无小票、无实物、无理由的情况下随时退货，并且退货的金额由用户自己定。

在百果园内部看来，这个策略对百果园甚至整个生鲜行业的影响，不亚于电商早期"七天无理由退货"对电商发展的关键促进作用，因为它是信任建立的开始。

在无法通过流程手段确保"好吃"后,百果园就只能是在服务环节下功夫,即通过对"不好吃"兜底,维护消费者与百果园之间的信任关系。但"不好吃三无退货"这个策略是否有正向作用,在哪一个用户分层下作用最大,以及这个策略是否反向造成了企业经营成本的提高等,在过去都无从得知。

建立了用户价值分层模型后,百果园发现,感受过三无退货服务的用户,大部分转化为了高价值用户,复购的频次和单值都大幅提升,对百果园品牌的忠诚度也随之提高。

同时,通过用户分层模型,百果园还看到,三无退货策略并没有显著提升退货率,也就是说并没有增加加盟商的沉没成本,因此百果园敢放心大胆地在加盟商体系中推广这个策略,并用数据说服加盟商执行这个策略。

理论上,因为消费者的差异性很大,通过客户价值分层模型,百果园可以对用户进行无限分层,还能知道什么策略对用户是有价值创造的,并测算出各个策略的投入产出比,把不同分层的用户尽量往更高分层拉。这也是过去几年百果园在营销上的创新越来越大胆和多样的底气所在。

在和腾讯智慧零售的合作中,百果园借助小程序、微信、企业微信获得了超过1290万的私域社群用户,平均每家门店都有3~4个社群。

这些沉淀在微信的私域用户池,为百果园更高效地吸纳了会员,也能让百果园更好地服务会员。百果园营销人员会在社群里发起有趣的产品推广和会员活动,并实时与微信社群粉丝进行互动和沟通。

百果园小程序

  这套模式的背后,是以门店为引流点、以社群为私域运营阵地搭建的用户服务网络,打通了社群、小程序商城、线下门店,让线上线下体验一体化,为用户提供精细化服务,从而提升销量。

  基于大数据,百果园的门店能够实现社群"果粉"的标签式运营,比如性别、消费金额、购买喜好、购买频次等,定向分析,从而进行个性化推荐和精准服务,实现千人千面。

  数据显示,百果园通过企业微信,对不同的消费者发放不同的优惠福利,社群用户被邀请进群以后,月均消费提升了7倍,社群用户达到1000人的店的销售额比上一年提升了22%;社群用户达到600人的店的销售额比上一年提升了近22%。

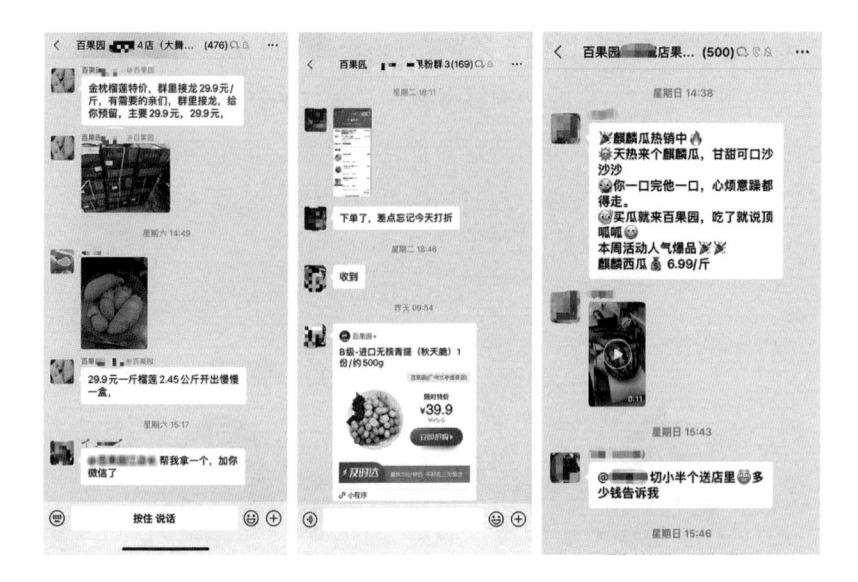

百果园线上私域社群

　　徐永剑介绍，对私域流量的运营，百果园在企业微信的众多合作案例中，都属于标杆。同时，百果园还借助抖音、微信视频号、微博等社交媒体捕捉在线流量，扩大消费者基础。

　　还是以前文提到的猕宗猕猴桃为例。百果园做过一个分析，购买过佳沛猕猴桃的会员，占年活跃会员的49%，但是购买猕宗猕猴桃的会员，最初占比只有不到10%。

　　这差出来的39%左右的市场，便是企业微信可以发挥作用的关键之处。利用企业微信的标签功能，百果园将买过佳沛但没有买过猕宗的会员形成独立人群包，配合具体的促销策略、产品介绍等信息，对这一部分人进行精准触达，实现了猕宗猕猴桃对目标用户的逐步渗透，做到真正的降本增效和精准营销。

　　而这些营销策略，百果园都能通过多层级会员计划与消费数据分析，有指向地为会员提供个性化服务，从单店到单品再到单客，

第二部分　场景突破　　　　　　　　　　　　　　　　　　131

实现颗粒度经营，从而增强会员黏性，提升消费者忠诚度。数据显示，这种基于差异化的精准服务效果显著，2021年百果园的付费会员在月度购买频次与消费额方面比非付费会员分别高出140%、160%，前者在成熟区域有着近70%的复购率，这在水果连锁零售品牌中位列第一。

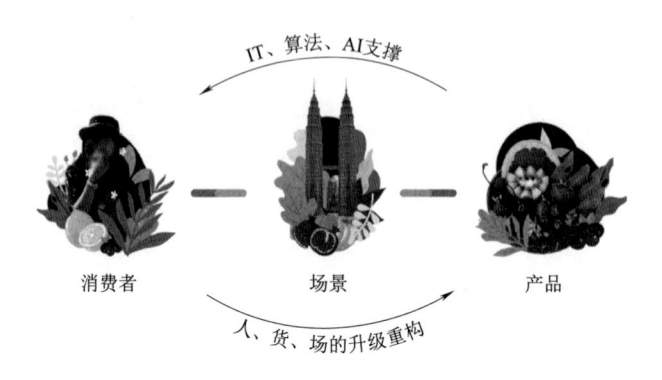

线上线下一体化服务

但数字化模型及数据驱动并不是万能的。徐永剑认为百果园能把水果零售做好，除了有数字化能力加持，更在于百果园的做事理念，即信任消费者、信任加盟商、信任各个环节的合作者。水果的非标准化属性，决定了水果产供销的过程无法避免很多计划之外的情况，此时唯有信任才是降低经营成本最好的办法。

就比如三无退货，无论是不是真实的不好吃，只要消费者说不好吃，加盟商就会退货；而只要加盟商说了自己有多少三无退货造成的损耗，百果园集团也会相信加盟商并主动完成退货。当然，通过数据百果园集团也能发现某些门店的异常，但还是会选择信任顾客和加盟商。从结果来看，大部分消费者和加盟商都很诚信，信任的代价反而是最低的。

在徐永剑看来，百果园基于数字技术，已经初步实现了线上线下一体化、店仓一体化、及时达与次日达一体化、门店现售与产地预售一体化、品类经营与顾客经营一体化，而正是这样全产业高度耦合与协同的一体化策略，保证了百果园把门店开向全国的同时，大部分情况下顾客买到的水果是好吃的，以及大部分场景下消费者能满意地完成消费走出门店。

百果园门店内部

正是基于以上数字化能力带来的零售能力质变，加上此前已经搭建好的种植保障体系与高效供应链生态，余惠勇坚信未来百果园能将门店开到3万家，覆盖3亿会员，"让每个人都能享受到水果好吃的生活"。

而且余惠勇非常自信，百果园目前建立的全产业链生态体系，放眼全球都代表着先进性，因此百果园未来还将走向国际化，立志成为"世界第一果业公司"。

- 小结 -

距离余惠勇第一次萌生"水果品类零售连锁店"的想法，已经过去了20余年。当初否定他想法的经济学家或许不会想到，余惠勇不仅将水果零售连锁项目做成了上市企业，还朝着做成"世界第一果业公司"的目标昂首前进。

事实上，水果零售从来都不是好做的生意。回顾余惠勇和百果园20余年的创业史，我们不能忽视其中的时代红利。过去的20年，是中国经济起飞的黄金年代，尤其是伴随着互联网、大数据、云计算等科技的进步，数字技术从提供单一的资讯信息服务，逐步融合进入传统产业的数字化蜕变。其间，中国逐步成长为全球创新的典范，百果园这样的中国企业也有机会成长为全球企业学习和追赶的榜样。

但百果园的"养成"故事更值得学习的，是其在每一次产业变革的关头，正确把握发展方向的战略眼光，比如原有ERP系统失灵时的果断转型，打通产业链的长期布局，全球首家制定果品标准体系，等等。这些决定知易行难，看似简单，实为创举。

在这个过程中，数字化转型成为百果园发展的主要动力。横向上，从猕猴桃品类的单点突破，到水果品类的全线升级，再到生鲜与批发行业的能力外溢；纵向上，从水果的种植、生产、供应，再到终端的零售和售后服务，百果园打造全方位、立体化的数字经营体系，真正实现了以数据作为生产要素驱动业务发展。

同时，百果园在推动数字化转型的过程中，始终保持强有力的战略定力，推动着数字化真正走深走实。一直以来，零售企业数字化转型普遍面临成本高昂、人才缺乏、机制不完善、数据质量差等难点或痛点，而对百果园这样打通了全产业链的企业来说更是如此，需要数字化的业务、环节和角色非常多，每一个环节都可能产生阻力和卡点，只有坚定的战略执行，才可能推动数字化的转型落到实处。

近年来，中国零售行业的增长逻辑发生了深刻的变化。数字化重塑了现代商业，也带来了不确定性。尤其是随着大模型技术的产业应用，数字基建升级的奇点时刻或许正在到来。

从这个角度来看，百果园将是零售行业在新时代的最佳观察样本。作为率先完成改造升级的果品生鲜行业头部企业，百果园用数字化重新定义自身，也让整个零售赛道看到了数字化升级的可行性和光明未来。

新希望：
"数字化"如何成就"场景之王"？

"相比国外，腐损率过高一直是国内生鲜流通需要解决的第一大难题。"孙晓宇是新希望集团旗下鲜生活冷链的 CEO，在食材供应链和冷链这个赛道深耕了多年。

冷链赛道是个老业务，一直不温不火的，这几年突然热闹起来，因为大家意识到，随着用户对品质的需求提升，以及数字技术迭代，这个赛道有巨大的变革空间，而且，更重要的是，这场变革不只影响流通，还会给整个生鲜的生产、供给带来革命性的变化。

行业内有一个公开的秘密，以肉类食材供应为例，因为腐损率过高，国内的供应商平均在流通环节扔出去 30% 以上的成本。不然，食材根本到不了消费者的餐桌。这种现实情况导致的结果是，肉类生产端虽然成本更低，但流通成本却比漂洋过海而来的国外供应商的更高。

"对零售终端来说，他不会管你这个供应商是国内的还是国外的，谁价格低就采购谁的。"孙晓宇说。国内生鲜食材如果可以实现全程冷链运输，必定能大幅降低成本，国内供应商才能与国际供应商直接竞争。

这正是新希望集团瞄准的方向。2016 年，新希望集团发现流通成本、流通损耗，已经成了生鲜产品供应的底层制约因素：后端花大力气生产出了高质量的产品，如果不能低损耗地运出去，安全地送到用户手上，价值会大打折扣。于是新希望集团决定，将冷链业务独立成公司。孙晓宇走马上任，带领团队一干就是这么多年。

在这个过程中，冷链行业从"冷"变"热"，投资方也从圈内玩家变成了各路资本，仅 2020—2023 年的三年，已经有上百起投融资，其中超过 20 起的融资额超过 10 亿元人民币。热闹之势可谓烈火烹油，早早起步的鲜生活冷链则成了"独角兽"，在 2022 年迅速完成了 B 轮融资，投后估值达到 100 亿元人民币。

赛道变热的背后，是国内冷链行业"小、散、乱、杂"的现状。2022 年，冷链行业百强企业的营业收入合计才 697.03 亿元，仅占整体市场规模的 14.18%，其中，排名前五企业的市场占有率总共仅 6.85%。相比之下，快递行业经过多年整合，截至 2024 年上半年，5 家头部企业的总市场占有率达到 72%。

这意味着，近 5000 亿元市场规模的冷链赛道，绝对是"水大鱼大"的行当，最终会像快递行业一样，诞生数个极具规模和超宽护城河的明星企业，并且，一旦站稳脚跟，这些巨头将会从根本上反哺行业上下游的标准化升级。

不过，繁华背后亦有隐忧，融资的多，破产重组的也不少。公开数据和相关报道的不完全统计显示，仅仅 2020 年，曾经位居行业第三的"鲜易供应链"、行业排名第七的"安鲜达"，连连宣告破产。快递巨头顺丰在 2018 年收购了行业排名第八的"夏晖物流"全面进军冷链，虽然冲上了行业第一的宝座，但冷运业务也未能幸免陷入了一段时间的亏损。好在，这一状态并未持续太久，根据中物联冷链委历年发布的"中国冷链物流百强企业榜单",截至2023年,顺丰已连续五年位居榜首,业务营收也持续回升。

冷链物流重资产、重运营的属性,使得模式本身投资周期长、失败风险高。"虽然行业很热闹,但我们一直很冷静。根据公司的战略目标,我们一直按自身明确的节奏在往前走。"孙晓宇的冷静,与他对鲜生活冷链的定位有关。在他看来,在冷链赛道排名第二并不是什么值得大书特书的事情,因为鲜生活冷链并不是一家单纯的冷链物流公司,而是一家数字化驱动的科技公司。

"冷链企业的使命,是要解决流通环节存在的痼疾,因此,冷链企业的价值在于以什么方式推动行业的底层动力变革。"

显然,这才是供应链数字化升级的终极价值。

始于冷链,成于"数字化":用科技移开生鲜食材流通场景中的"三座大山"

"第一,冷链流通率低,导致高腐损;第二,周转效率低,导致大量供需错配,比如说几年一次的猪周期,会给上游养殖企业以及养殖户造成很大损失;第三,物流和仓储效率低下,导致流通成本高企,供应商资金被大量无效占用等。"在孙晓宇看来,这"三座大山"是导致肉类食材流通成本超30%的核心原因,在果蔬类食材中更加严重,"甚至高达55%~60%"。

问题很清楚,但是,该如何解决呢?很多从业者思考了很多年。

新希望同样思考了很久。从1982年创立以来的40多年中,新希望基本上见证了中国老百姓餐桌的变迁,如今,作为国内肉、蛋、奶综合供应商,新希望拥有世界第一的饲料产能,以及国内领先的肉加工处理能力，在生鲜食材生产端取得了长足进展。面对流通环节存在的高损耗、效率低下、成本浪费等行业痼疾，新希望显然不想做简单重复的工作。

因此，鲜生活冷链成立前后，孙晓宇带队考察了国内百强冷链企业中的数十家，得出的结论是：重新做一家冷链物流公司的意义不大，只会造成基础服务设施重复建设，而且会陷入和传统冷链物流企业的低水平竞争。

"冷链物流行业真正需要的，是一个作为主体的平台级的服务设施，以此推动整体的效率提升。"孙晓宇说。由于冷链物流网前期投入大，车辆规范化程度低，信息化水平差，且需求分散，阻碍了冷链物流网络的构建，因此整个冷链行业没有一张像快递一样能覆盖全国的"冷链网"。

"冷链物流企业至多有区域型线路网，根本没有企业能建立完善的全国性冷链物流网络。"孙晓宇说。无法组网，导致冷链物流企业面临两大难题，一是自身难以形成规模优势，二是无法为上游的生鲜食材供应商提供全程冷链的一体化解决方案。这种情况下，成本自然无法下降，企业难以形成竞争优势，跟上游也没法形成合力。

孙晓宇认为，鲜生活冷链需要利用数字化能力搭建行业服务设施，帮助传统冷链物流企业"降本提效"。因此，在孙晓宇的推动下，鲜生活冷链依托新希望集团的消费产业投资平台"草根知本"，走上了"买买买"的投资并购发展之路。

"第一步很简单，就是把覆盖全国的冷链网跑通，因此我们通过投资并购的方式，与多地的10余家冷链物流企业建立了合作。"在孙晓宇看来，得先有覆盖全国的冷链网，才能真正实现全程冷链运输，将腐损率降下来。

打通了各地的冷链网，第二步就是帮助这些冷链物流企业提效。鲜生活冷链的策略是先整合，然后用数字化的方式推动内部管理、业务流转的效率提升，"整合的过程其实是一个数字化集成的过程，把车辆、仓库、人员、团队、客户、服务、订单等资源进行数字化改造，再通过数字化的方式把这些资源全部集合起来"。

"做个类比，这个数字化集成的过程就好比把风能、水能、太阳能等不同形式的能源收集起来，统一存储、运营和对外输出，最好的方式就是把它们都转化为电能，这样就可以利用电网或者电池等实现统一管理。"孙晓宇说。

这个过程中，新希望集团过去数十年积累起来的经验和数字化流程管理体系，发挥了关键作用。

对各种资源都完成数字化改造后，按照鲜生活的规划，也就到了第三步，通过重新梳理各种资源及各个环节的关系，利用数字化能力，重新设计物流、资金流以及订单流，让整个流通环节的周转率更高、成本更低。

"传统冷链物流本质上运营的是车辆，而非订单。但在我们看来，物流的真正价值是承载订单的高效履约。"在鲜生活冷链的设计里，真正要解决的第二个行业性难题是帮助生鲜食材供应商真正提高周转效率。

"生鲜食材周转率低，主要是受制于传统的多级分销体系，而这个体系的初衷只是集单，因为只有这样才能从厂商处进到足够低价的货。但这个体系也导致了信息传递的低效，并带来了来回转运的物流及装卸成本的提升。"孙晓宇说，为了解决这个问题，他们首先进军了冷链仓储行业，并设计了库存前置的业务，重塑整个流程。

在新的流程中，一、二、三级批发商不再需要来回转运交接货物，而是可以"直接交易货权"。打个比方说，一级批发商把货卖给二级批发商后，不需要再将货物从自己的仓库中调出，转运进后者的仓库，只需要在鲜生活冷链的"云仓"完成货权转移，整个过程中，货的位置不需要移动。二级批发商和三级批发商的交易也可以这样操作。

"在这个模式下，厂商只需将货前置到我们云仓中，一、二、三级分销商都可以直接向厂商采购生鲜食材，这样带来两个好处：一方面，经销商层级可以减少，信息传递的效率提升，大大改善供需错配的问题；另一方面，帮助上游厂商减少需求波动带来的损失。"孙晓宇说。

"未来不再需要多级分销商"，这种改变对各个层级的经销商来说，也是一个全新的尝试，那如何才能照顾到他们的利益呢？这时候，深耕行业多年的经验，让孙晓宇有很大的优势。

"很多初入行的人或者行外人会觉得，这样会影响分销商的利益，但是，其实这个问题很好弥补。"孙晓宇说。集单本身就是一个利润薄但成本高的环节，如果新流程能通过数字化的方式弥补这点损失，把账算清楚，他们很容易就接受了。

"他们很关心我们能为他们节省多少成本。"经过测算，由于减少了中间环节的层层流转，对于各级批发商，不仅货物积压的库存仓储成本可以大大缩减，而且自身资金的使用效率可以显著提升。这还只是"物流"数字化带来的好处。

实际上，随着物流、订单流、资金流"三流合一"的实现，新的好处不断涌现。例如，过去，三级批发商接到终端零售商的下单需求，需要提前 30 天打款预约备货；"三流合一"之后，明天要货，今天打款就行，直接把交易周期从 30 天缩短到了一天，免除了批发商 29 天的资金占用；同时，随着自身履约效率大幅提高，各级分销商面向终端商家的销售机会也大大增加了。

激活"数据要素"价值，释放"数字原生"真正的动能

"过去五年，跟我们合作的 18 家传统冷链物流公司，每家营收和利润都是持续双增长。"孙晓宇说。由于从一开始就希望用数字化的方式做冷链，而不是先做一个传统冷链公司再考虑如何数字化转型，因此在行业合作上，鲜生活冷链始终保持开放、赋能的态度，先投入做基础设施，帮助合作伙伴成长，最终实现多赢。

为了建设数字化基础设施，鲜生活冷链前后投入了 4 亿元，自主培养并打造了一个近 400 人的 IT 团队。这么做的目的，一开始并不清晰，只是孙晓宇从战略层面考虑，认为"数据要素"一定有很多价值。

"包括交易记录、物流路线、货、人、车、仓、计划订单、农场或工厂、算法等环节的数据，缺什么我们就直接整合相应的公司，然后装进我们的网络。"孙晓宇说。包括合作与投资打通全国冷链网，本质上都是为了打通整个产业链的全要素数据。

事后的发展证明了数据要素的价值远超此前预估。依靠多维度数据的集成、清洗、结构化，孙晓宇发现，鲜生活冷链不仅可以重新梳理供应链中原本不合理的"决策关系"，把新的"决策流程"重输给合作的各个冷链物流企业，帮助它们真正地降本增效；而且更重要的是，它催生了两个全新的科技平台——智慧物流平台"运

荔枝"和智慧供应链平台"集鲜"。

以运荔枝为例，通过科技手段，这个平台可以为商超零售、食品工贸、休闲专卖、中餐连锁、西餐连锁等客户提供一体化的供应链交付解决方案。

而运荔枝的打法，也是基于合作的逻辑，而非完全自建车队。"因为中国的冷链运力（车+人）目前多是以个体司机或者小型车队的形式存在，他们一方面需要货源，另一方面需要降本增效，而这两方面鲜生活冷链正好都有。"运荔枝总经理黄博说。

运荔枝一直致力于用数字化能力驱动行业降本增效，对于合作的个体司机，可以帮助他们实现车辆、司机、货物、温度等数据的在线化，然后通过数据驱动帮助他们更容易地获得货主的信任，拿到更多订单；同时缩短他们找货的时间，降低等待的时间成本。

"运荔枝制订的一体化供应链交付解决方案，让调度时效从4小时缩短至10分钟，帮助司机降低了8%的平均油耗，帮助客户减少了20%的库存周转天数，在降本增效、运力品质升级的同时，也让客户体验也得到提升。这也极大地增强了我们的核心竞争力。"孙晓宇说道。

另外，除了冷链运力，运荔枝发现冷链供应链中所需的低温生鲜仓也存在大量社会化供给，而且很多也存在缺货源、运营效率低等问题，与其自营缓慢建仓，不如也通过合作快速实现全国布局。因此运荔枝平台以云仓的形式，与大量低温生鲜仓合作。

这个过程中，运荔枝总经理黄博对"数据驱动"的价值有了更深刻的体会与认知："如果冷链企业只有运输数据，那就只能做运输配送；如果有运输数据+货品数据，就可以做车辆排线；如果有运输数据+货品数据+仓库数据，那就可以提供云仓布局服务。

每增加一个维度的数据，服务就会发生一次质变。"

截至目前，依托鲜生活冷链的自有冷链网络，以及运荔枝自建的智慧物流平台，运荔枝链接的冷链车超 27 万辆、冷链仓储面积超 1100 万平方米，干线超 20389 条、城配超 69410 条，打造的数智化冷链交付网络覆盖全国 31 个省、2800 多个区县，服务网点超 90 万个，可为客户提供覆盖全国的一站式交付服务。

有了强大的冷链物流交付能力后，运荔枝同时掌握了大量生鲜食材的流通信息，包括超 300 亿条的肉、蛋、奶、果蔬等食材流通信息，并形成了 2000+ 的数据标签、1000+ 的画像标签与 100+ 算法模型。

有了这些物流和数字化服务设施，很多终端客户开始找到鲜生活冷链，询问其是否能提供生鲜食材的采购业务，及切入商流，而这又为鲜生活冷链推出集鲜奠定了基础。

前期，集鲜数智食材供应链背靠新希望集团的资源，严选全球的食材产品，聚集了超过 20000 个供应商，提供食材 SKU（最小存货单位）超过 15 万。同时，依托食材交易大数据和运荔枝交付能力，集鲜通过整合食材供应链上下游资源，以数智科技赋能产业链升级，形成原料代采、报关报检、现货仓押、全网冷链、渠道协同等多场景、全方位服务能力，协助食材供应链企业优化库存、提升资金效率、创造增量。

据孙晓宇介绍，集鲜已经切入智慧团餐、智慧订存、食材溯源、智慧代采等数字化业务，针对不同的运用场景，帮助客户拓客展业，提质增效。目前，集鲜的合作商家已经超过 4000 家，覆盖零售、烘焙、咖啡、酒店、团餐、工贸等多个行业。

"现在我们的能力，甚至可以帮助下游的品牌商打造爆品。"据

集鲜：一站式全场景解决方案

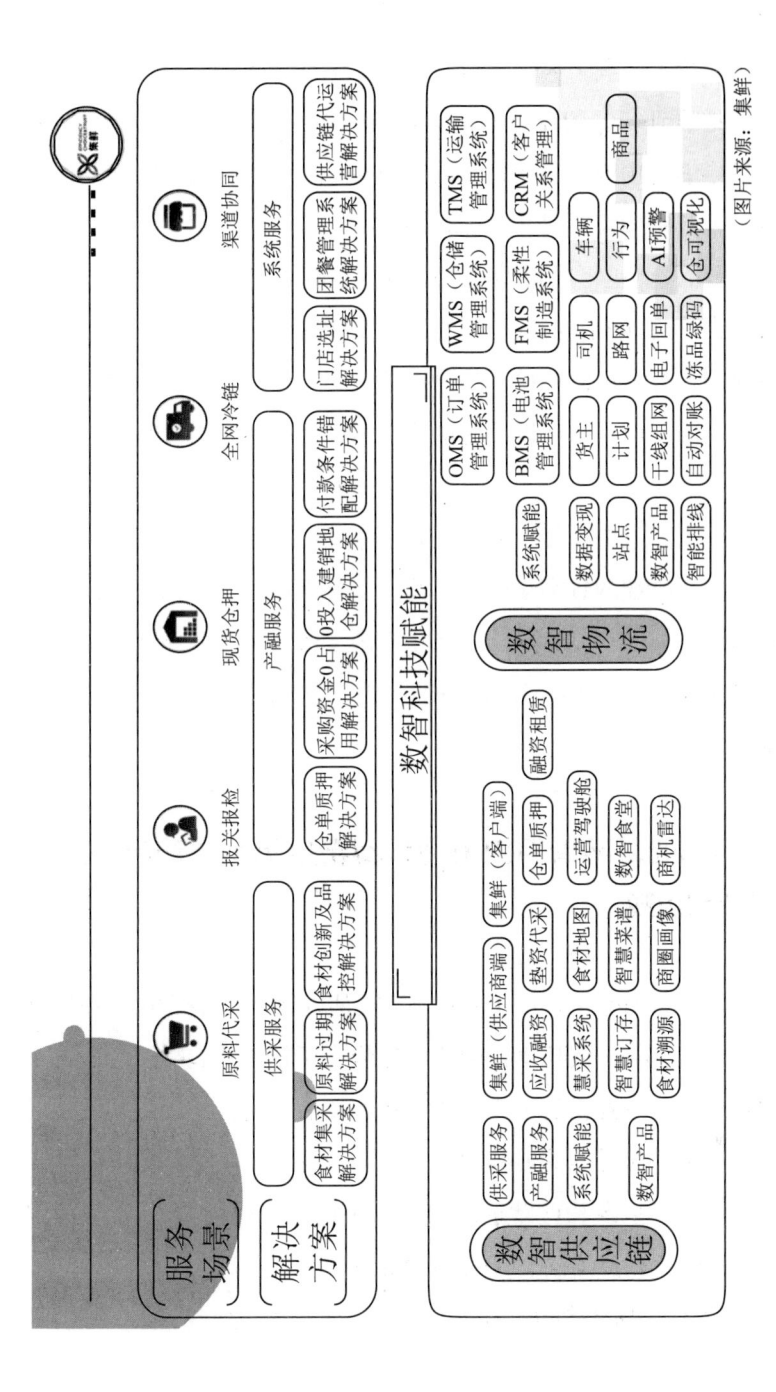

服务场景

- 原料代采
- 报关报检
- 现货仓押
- 全网冷链
- 渠道协同

解决方案

- 供采服务
  - 食材集采解决方案
  - 原料过期控销解决方案
  - 食材创新及品解决方案
- 产融服务
  - 仓单质押解决方案
  - 采购资金0占用解决方案
  - 0投入建销地仓解决方案
  - 付款条件错配解决方案
- 系统服务
  - 团餐管理系统解决方案
  - 门店选址解决方案
  - 供应链代运营解决方案

数智科技赋能

数智供应链：
- 供采服务
- 产融服务
- 系统赋能
- 数智产品

  - 集鲜（供应商端）
  - 应收融资
  - 慧采系统
  - 智慧订存
  - 食材溯源
  - 集鲜（客户端）
  - 垫资代采
  - 食材地图
  - 智慧菜谱
  - 商圈画像
  - 仓单质押
  - 融资租赁
  - 运营驾驶舱
  - 数智食堂
  - 商机雷达

数智物流：
- 系统赋能
- 数据变现
- 站点
- 数智产品
- 智能排线

  - OMS（订单管理系统）
  - BMS（电池管理系统）
  - 货主
  - 计划
  - 干线组网
  - 自动对账
  - WMS（仓储管理系统）
  - FMS（柔性制造系统）
  - 司机
  - 路网
  - 电子回单
  - 冻品绿码
  - TMS（运输管理系统）
  - CRM（客户关系管理）
  - 车辆
  - 行为
  - AI预警
  - 仓可视化
  - 商品

（图片来源：集鲜）

第二部分　场景突破　　145

孙晓宇介绍，掌握了大量物流及商流数据后，集鲜甚至可以比客户更清楚地看到产品的流向和富集程度，而这些数据经过分析处理，就能指导消费预测的决策，让品牌商在一些有爆品潜质的产品的萌芽阶段就开始加大布局并提前备货。

"当然我们也可以帮助品牌商排除一些伪爆品种子选手，提前降低损失。"孙晓宇说道，"而我们的撒手锏就是打造了一个货品流转的地图，客户可以直接根据这个地图做一个最低成本的商品导航规划，就像我们平时可以用地图实现最短距离或者最短时间的路线一样。"

实际上，过去几年，依托新希望集团的肉蛋奶等存量货源起步后，鲜生活冷链的数字化能力迅速得到外部认可，外部服务营收占比迅速提高。"鲜生活冷链2022年实现了营收+估值超两百亿，其中新希望集团的自有业务占比只有7%，其他都由外部客户贡献。"孙晓宇说。

为数字化变革不惜组织再造：新希望集团推动自身完成新旧动能切换

"鲜生活冷链能在短短6年的发展期内就实现销售收入和估值双双破百亿，除了依托集团的资源优势有了较高的起步门槛，更重要的则是一开始就锚定了原生数字化的发展策略，为其后期的高增长动能奠定了充足的动力基础。而这离不开集团一早就定下的数字化变革战略，以及为此营造的良好数字化组织环境。"新希望集团CDO、新希望数科集团CEO李旭昶总结道。

2012年，新希望集团面临向千亿营收跨越的挑战，创始人刘永好随即考虑集团发展的底层动力变革问题。经过高层的反复研讨，2013年，新希望集团正式开启了数字化变革的探索。

不断探索的过程中，刘永好敏锐地观察到，原生数字化企业的组织基因与传统企业的完全不一样，传统企业如果只是配备数字化工具，数字化转型是不会成功的。

"传统企业的数字化转型必须经历一个艰难的组织再造、文化再造的过程，没有组织再造，数字化转型难以成功。"刘永好在内部讲话中断言。

为了给新希望集团的数字化转型指明方向，刘永好更是直接给出了自己的答案：数字化不能只是一个工具、方法，而必须是一个原生的系统，包括产品业务、运营管理、系统研发的数字化。很多企业的数字化转型之所以失败，常常是因为只请一些人在产品业务或管理环节做数字化，但体系不变。所以，企业的数字化转型，绝不能停留于产品与业务，关键还要解决人的问题。

而刘永好所谓的"解决人的问题"，一方面是要重新梳理企业的价值观体系和发展理念，帮助组织换"思想"；另一方面则是大胆引入数字化人才，引入新鲜血液，其中，李旭昶就是新希望集团引入的关键数字化转型人才。

李旭昶曾任金蝶中国高级副总裁、数字化转型解决方案事业部总经理，拥有20多年企业战略、管理经营、信息化服务工作经验，并历任埃森哲、凯捷等知名咨询公司的高管，可谓既有数字化实操经验，又有数字化转型战略思维。李旭昶受邀加入新希望集团，担任首席数字官，主持集团的全面数字化转型，直接向刘永好汇报。

李旭昶入职后，面对的整体数字化战略任务是一个纷繁复杂的格局——经过近10年的发展，新希望集团旗下遍布全球的600多家公司和超10万名员工，各自有各自沉淀的一定程度的数字化转型成果，如何将这些不同业态、不同方向、不同程度的数字化能力统合起来，是一个不小的挑战。

"我们内部一直有一个清晰的划分标准，那就是产业数字化和数字产业化。"李旭昶解释，产业数字化就是围绕新希望集团的主业，开展数字化转型探索；而数字产业化针对的是旗下已经形成气候，能对外赋能的那些原生数字化业务，比如鲜生活冷链。

产业数字化方面，早在2013年9月，新希望集团内部就推出了"福达计划"，希望通过云养殖、云金融、云动保、云服务、云学堂等数字化服务向养殖户赋能，用云覆盖的概念来做疫情控制，以养殖数据分析来提高养殖功效。

随着数字化转型在主业发展上的成果显现，2018年开始，新希望全面启动数字化，向现代科技产业集团转型升级。

"集团内部的数字化板块有很多，集团有数科职能部门，各子公司也有自己的科技团队，我们目前没有想过要把所有的数字化团队和业务都统合起来，还是让他们遵循自己的发展路径往前走，然后彼此之间又可以紧密合作。"李旭昶说道。

就像新希望数字化水务产业投资合作了一家叫上海昊沧的公司，它的数字孪生技术在国内已经走到了前沿，可以实现实时且高还原度的人在线、物在线、设备在线、运营全在线，李旭昶希望能将这项能力转移到新希望的"智慧猪场"探索实践上，帮助猪场的运营降本增效。

反过来，如果"智慧猪场"的探索有了显著的成果，包括数字孪生在内的各个数字化能力模块，也能作为对外的数字化业务向全行业开放、赋能，从而成为新希望数字化版图下的又一个数字化板块。

"整体的情况会很复杂，但框架性的逻辑基本就是这个样子——从集团主业长出或延伸出的产业数字化业务，反过来能成为对外的数字产业化业务。而数字化既能作为支撑当前主业降本增效的工具，也能是面向未来的创新业务探索。"据李旭昶介绍，从集团内部视角看，以鲜生活冷链为代表，草根知本、新网银行等都可以被视为探索得比较成功的数字原生业务。

而为了推动集团数字化更快发展、向上突破，在李旭昶的主导下，新希望集团在 2022 年启动了"卓越数字化登高计划"，以"三横+三纵"的卓越策略推进灯塔级的项目加快推进和发展。

其中，"三纵"分别是卓越食品安全、卓越人效提升、卓越财经，以这三大职能为抓手，推进覆盖所有业务和员工的"人、财、安全"管理数字化效能提升。而"三横"则是以卓越供应链、卓越生产、卓越营销三大业务的共性方向为抓手，推进业务与数字化的高效融合。

"落实到具体项目，在内部则被视为'灯塔项目'，意在为更多项目的探索指明方向。"在李旭昶看来，灯塔的方向价值有两层：一是验证成功后，可以先在内部推广，帮助集团更多相似的业务降本增效，比如智慧猪场项目一旦成功，就可以在新希望集团下的几百家养猪场铺开；二是成熟的数字化项目不仅新希望集团需要，有相似痛点的其他企业也需要，因此这些项目就可以成为产业解决方案，对外形成一个个数字化的新生意。

为了发挥灯塔项目的价值，第一批项目规划中，新希望集团启动了"六大数字化灯塔工程"，包括：新希望六和的智慧猪场、新乳业的"鲜活 go+ 食品安全 + 数字工厂"项目、川娃子的智慧供应链、鲜生活冷链的数智化产品矩阵、化工板块的数字化运营体系，

卓越数字化登高计划

- 集团级6+1灯塔项目群（揭榜挂帅督办项目）
- 产业板块级灯塔项目
- 集团总部灯塔项目

三大业务：卓越供应链、卓越生产、卓越营销

项目 — 财务为抓手、数字化为手段 — 场景 — 技术 — 指标

三大职能：卓越财经、卓越人效提升、卓越食品安全

- 集团总部卓越数字化顶层设计
- 产业板块卓越数字化顶层设计

卓越数字化登高计划

150　激活

以及新希望地产的"项目管理＋全面预算＋数字品质"项目，在总部管理、核心板块优选项目先期探索，建设数字化全体系。

"登高计划主要实现三个目标：第一，通过数字化，真正激发组织的创新力；第二，深化建设数字化能力，对业务产生实实在在的效果，比如帮助生猪养殖的主业实现降本增效；第三，利用数字化的手段，显著提升客户体验，而这里的客户体验提升既包括集团传统主业的客户体验提升，也包括对外部产业赋能的数字化业务的客户体验提升。"

据李旭昶介绍，目前，灯塔工程各项目都在有序推进，并取得了一定成果。例如，作为灯塔工程之一的食品溯源项目在肉制品、乳制品、休闲食品、调味品四大领域，已经能将全链路溯源时间从原来的 4 小时缩短至 3 分钟。而未来 3～5 年，灯塔工程将全面覆盖新希望集团的各个赛道，帮助企业的数字化转型整体上一个台阶。

- 小结 -

从鲜生活冷链到智慧猪场，再灯塔工程中其他的数字化项目，可以看出，与其他传统企业的数字化转型不同，新希望集团的数字化转型呈现出一种"星火燎原"的架势。

实际上，相比大部分传统企业，新希望对"数字化"的灵敏度要高得多。早在 2013 年，新希望就已经开始数字化尝试，在尝到数字化转型甜头后，投入的资源和决心逐步提升，牵扯的业务和人员也越来越多，打法非常趋近互联网常用的"小步快跑，快速迭代"逻辑。

在这样的组织氛围下，鲜生活冷链创立之时，就意识到自己要

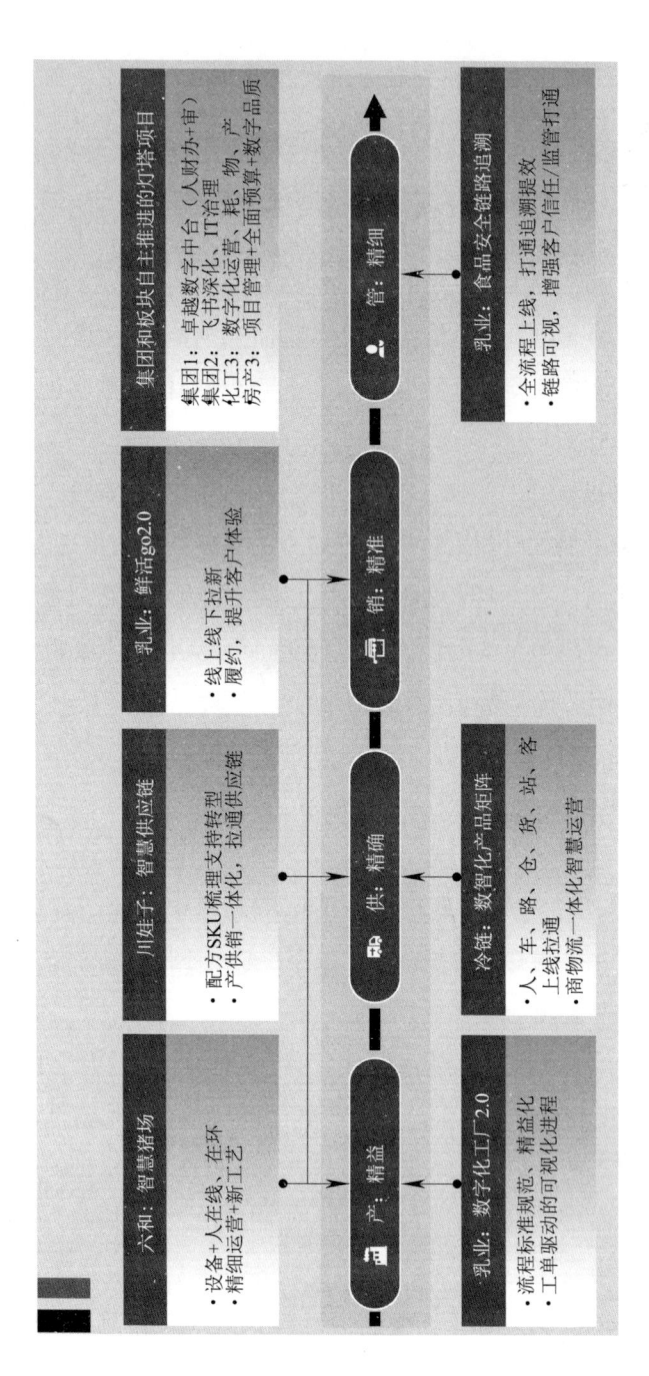

数字化灯塔项目群：价值链关键节点数字化的标杆

产：精益
- 乳业：数字化工厂2.0
  - 流程标准规范、精益化
  - 工单驱动的可视化进程
- 六和：智慧猪场
  - 设备+人在线、在环
  - 精细运营+新工艺

供：精确
- 冷链：数智化产品矩阵
  - 人、车、路、仓、货、站、客上线拉通
  - 商物流一体化智慧运营
- 川佳子：智慧供应链
  - 配方SKU梳理支持转型
  - 产供销一体化、拉通供应链

销：精准
- 鲜活go2.0
  - 线上线下拉新
  - 履约、提升客户体验

管：精细
- 乳业：食品安全链路追溯
  - 全流程上线、打通追溯提效
  - 链路可视、增强客户信任/监管打通
- 集团和板块自主推进的灯塔项目
  - 集团1：卓越数字中台（人财办+审）
  - 集团2：飞书深化、IT治理
  - 化工3：数字化运营、耗、物、产
  - 房产3：项目管理+全面预算+数字品质

激活

解决的不光是新希望集团自身的供应链低效问题，更要站在更高的位置，俯视整个行业面临的挑战，以投资合作的方式，先打通覆盖全国的冷链网，回应品牌商全程冷链的诉求，降低腐损率；再在这个全国协作网的基础上，推动数据的高效集成、重构与产业回输，用数字化能力帮助整个网络提效。

在不断解决行业问题，获得更多产业数据的同时，鲜生活冷链能力溢出，帮助品牌商预测销售数据，甚至辅助品牌商做爆款产品开发，从一个物流企业升级为一个供应链企业，帮助客户做采购。

依托这样庞大的物流需求，鲜生活冷链还能突破自营自建的思维，利用互联网的方式搭建起运荔枝数智物流平台，吸纳更多社会化冷链车辆、司机和仓库，做更大范围的运力智能调度，为冷链个体司机和客户双边创造价值。

在不断解决行业问题，积累大量数字化能力和解决方案的同时，鲜生活冷链转过身来服务新希望集团自身的供应链业务更是小菜一碟，以至于新希望集团的业务为鲜生活冷链营收的贡献降低到只有不到 7%。

"新希望集团 10 万员工吃饭的数百家食堂，通过鲜生活冷链来运营后，整体的成本控制和运营体验都得到了极大提高。"李旭昶的话，解答了新希望集团数字化的"原动力"。

回到新希望集团数字化转型的效果，鲜生活冷链这个"灯塔"就已经能说明很多。而回到整个中国经济的新旧动能切换，寻找新发展动力的问题，新希望集团的数字化转型实践也充分证明了数字化的重要价值。

就像刘永好总在内部讲的："我们每个企业以及我们每个人都是今天这个时代的产物，在时代的洪流下，一个人或者一个企业是微不足道的，我们一定要顺应时代的潮流，不断前行。当一个人逆了潮流，或者是不了解潮流，他不仅难以成功，而且很有可能被时代的列车抛弃，即使没有粉身碎骨吧，也大概率会伤痕累累，甚至有可能就再也爬不起来了。因此企业和个人都要顺大势，而大势既包括市场的大势，也包括科技的大势，即全面数字化转型的大势。"

天马微电子：
"数字化"是信息化的范式跃迁

"此前一讲到数字化，大家就感觉是上一些系统、上一个工具，但其实不是，数字化有它的思维架构。"天马微电子执行副总裁迟云峰对数字化原点的记忆，始于信息化，"原来做信息化，其实是偏向于功能驱动的，无论是软件、系统还是硬件，都是设计好了标准功能，让人去适应这个功能"。

天马微电子成立于1983年，经过40多年的发展，已经成长为中小尺寸显示领域的领先企业。为了提高效率，天马微电子持续推行信息化，对此，迟云峰印象深刻。在他看来，以前的信息化就像是"建村庄"，这里建一个，那里建一个，完全没有整体规划。比如说，为了解决订单需求和客户需求问题，搭建了一套CRM系统；然后发现要解决仓库管理问题，于是搭建了WMS；又为了解决产品全生命周期管理，搭建了PLM。构建系统时，没有进行业务端到端的设计，导致系统建设缺乏统一架构规划，数据缺乏统一规范。"这种做法，天然会导致数据、系统'孤岛'的问题。"他说。为了解决这个问题，不得不开发"接口"。

而这还只是最浅层的问题，更深层的问题还有很多。比如说，如果公司只有几个人、几十个人，强行要求他们改变作业习惯，去使用这些信息化工具，可能还能推行下去，但是，公司有成千上万人的时候，大家宁可用自己熟悉的Excel（电子表格软件）都不想用这些工具，信息化部门就只能干瞪眼了。

又比如说，对企业来说，使用信息化工具，并不仅仅是解决数据采集、存储问题，更不是把Excel搬到系统里，设计一些基本逻辑，而是希望让这些数据发挥价值，能支撑决策，实现"智能化场景应用"，但是，信息化显然都做不到，这就导致价值大打折扣。

信息化过程中的问题，恰恰都需要数字化来解决。

从"建村庄"到"建城市"：发掘"信息化"到"数字化"跃迁背后的价值

在迟云峰看来，"数字化有点像城市的建设"。比如，深圳的建设，早在对"小渔村"进行城市蓝图设计的时候，就已经在布局城市功能群到底要怎么分布，接下来几十年的发展，都基于蓝图去开发，一步一步连接在一起。

"吃着碗里的还要看着锅里的，这就是数字化给我的感受。"他打趣，从这个原点出发，数字化与信息化的起点就截然相反。信息化是从IT工具出发的，要求业务、人员适应IT工具；但数字化是从业务出发的，IT工具是为服务业务而生的，"这就相当于先得在公司内松土，有了数字化变革的土壤，在这个土壤之上，你才能种瓜得瓜，种豆得豆"。

虽然天马微电子是一家科技公司，但是培育"数字化土壤"这件事情，并没有想象的那么简单。

"40年里，前面20年，我们只需要做黑白屏这一类产品就够了，但是，2000年之后，整个显示技术快速变化，我们突然发现，不仅服务的市场、客户在快速变化，连竞争对手都在变。"他说。以手机显示业务为例，竞争对手从最早的日本企业，变成了中国台湾企业，再到后面，逐渐变成了跟大陆企业同台竞技。

也就是说，过去40年里，技术、产品、市场需求、竞争对手都在加速变化，而且这种变化不是"闭门感知"的，而是实实在在看着身边的竞争对手、终端客户不断变化，很多曾经的对手、客户，走着走着就掉队了，甚至消失了。

这种不确定性逼着天马思考：响应速度能不能比外部市场变化更快？能不能比行业友商更快？因为，这才是长久经营的基础，而且这种能力如同"逆水行舟"，甚至不是"不进则退"，而是"进慢了都算退"！

那么，如何才能让响应速度更快？数字化就成了答案之一。

"我们刚起步的时候，投资规模较小，用不用数字化其实都没关系，因为这种业务体量，一个人都能记在脑子里。"他说。但是，现在的投资规模大，业务区域涉及国内外，产品累计有上万个，传统的管理模式显然没有办法满足现在管理的复杂度。

这还只是现在的情况，根据公司"2+1+N"的发展战略，即将手机显示、车载显示作为核心业务（2），将IT显示作为快速增长的关键业务（1），将工业品、横向细分市场、非显业务作为增值业务进行生态拓展（N），为了支撑公司战略的实现，作为一家研发、生产、制造型企业，天马微电子还在持续加大硬件投入。

此外，硬件投入背后，必须有很强的"软实力""强管理"。如何做到这一点，答案同样指向了数字化。

基于此，对天马微电子的管理层来说，推动数字化的目标很清晰：一方面，企业需要更快速地适应外部市场变化；另一方面，需要通过数字化解决企业复杂的管理问题。

兼顾数据化建设的两个艰巨的目标，是非常有挑战性的。他说，用"在飞行中换发动机"形容，一点也不为过。

不过，对于这条路，迟云峰充满信心。他经历丰富，大学毕业在某国际化公司工作了几年后，进入天马，先后从事工厂工艺技术和生产管理、深圳区域运营、专业显示运营、消费品运营工作，直到目前分管整个公司的运营，包括供应链计划和物流等业务。长达20年的工作经历，让他对工厂的工艺流程、客户的需求特点、供应链的变化趋势都有深层次的理解和认知。

这种经历，让他对数字化的理解非常深刻。因此，天马微电子"数字化顶层设计项目组"组建时，总经理是项目经理，他和CIO（首席信息官）是副经理。天马微电子的数字化践行的是一把手工程，是和业务与IT双轮驱动的推进思路。

"2018年我们就开始系统地调研这件事。一开始是去了华为、美的，这两家企业在同类型企业里面是比较领先的。"他说。经过大量调研，公司对整个数字化的步骤有了清晰的认知，达成了共识。2022年，公司引入了国际一流的咨询公司做数字化顶层设计，从战略规划、战略解码出发，全面系统化地开展"数字化蓝图设计"。

"所有的数字化都要服务于业务规划、战略规划，要直击痛点，所以我们从战略计划出发，再到顶层业务架构设计，业务架构设计完了以后，进行L1到L3流程的梳理，又对这些流程进行诊断，去看能力热图，看哪些地方是缺失的，哪些地方是待改进的，哪些地方是比较成熟的。"

诊断以后，最终公司梳理出了数字化的建设路线图，包括"变革路径 4+2+1"和"第一波 5+3 变革项目"。天马微电子的"5+3"变革项目是其数字化转型战略的核心组成部分，旨在通过一系列变革措施，提升公司研发、生产、管理等方面的效率和竞争力。

其中，"5"代表 OTD（从订单到交付）、IPD（集成产品开发）、业财、绩效和数据五个领域的变革；"3"代表三个支撑领域，包括数字化顶层设计、业务能力建设目标和路径的设定，以及核心业务场景的聚焦。天马微电子的"5+3 变革项目"在 2022 年 10 月份启动建设。其中最大的变革项目 OTD 就由迟云峰负责，目标是实现订单到交付流程的重塑，通过数字化建设提升效率，提升客户体验。

"力推企业微信"：细处着手推进数字化升级

"我们现在在做 OTD 的 IT 主干系统实施。"整个大的数字化目标是"重塑 OTD 核心竞争力"，简单来说就是，从订单需求管理到产销决策，再从主计划生成到物料需求计划，最后从订单排产到订单交付管理（包括建供应链控制塔），全部要实现。

"以核心的供应链控制塔的功能为例，里边包含了一些仪表盘，还包括管理的一些界面。我这个层级，肯定不会去给工厂下具体的计划单，也不会给采购下采购订单，但是，我这边也得有我的管理界面，可以控制整个天马供应链体系的运转。"他说。这种管理并不只是简单的订单、生产，背后涉及整个业务的很多方面，比如说产能分配、投资决策等。

"比如说，我要做一个产品，要考虑它会在哪个产地生产、如何做产地的规划布局等；往下，就涉及更高层级的'产销协同'，我需要看到各个工厂的计划排产状态，哪个工厂已经排满了，哪个工厂还空着；再往下，我就可能看到，哪类产品未来在哪些工厂的生产趋势各是什么；进一步，就会涉及我要不要增加设备，触发一些投资的决策。"他说。从系统结构到最终呈现的界面，构成了"数字化"系统的深层价值。

当然，要做到这一点，难度很大，比如一个典型的问题，以前信息化建设的时候，公司建了特别多"孤岛式"的系统，导致查看一个功能，需要点开一个又一个 App，后来集成到了内部的工作台上，依旧不够便捷。

"我希望最终能做到，我在出差的路上，有人给我打电话，或者给董事长打电话，我们直接打开电脑，或者用手机就能查看相关信息，比如说，能不能集成到企业微信里？"他说，目前与这一步还有距离，但他们已经在企业微信工作台里集成了很多功能，不仅有邮箱、腾讯会议，还包括 OA 接口、日程，以及 BI 仪表盘（商业智能仪表盘），比如行政服务，人事服务的面试、招聘、离职，内部的一些文件、文化宣传资料，以及数字文化建设的进展、管理创新、信息安全，等等。

在这个过程中，迟云峰将功能的实现分为了两部分：一部分是企业机构的数字化，包括业务架构、应用架构、IT 架构、数据架构等；另一部分是各种数字化工具和能力的引入，例如，在内部通信、工作交互方面，引入企业微信来服务业务。

"有一些东西，我觉得简单开发就可以，把入口导过来；有一些，我们可以把信息直接采集过来；还有的，可能要做一些运算和转化。"通过分类、分步骤的方式，目前，这套系统的建设已经到了主干系统实施环节，预计未来再花一年左右，就能完成几个主干系统的全面上线。

这个过程中，推行数字化的阻力也持续涌现。而且，随着实践深入，这种"阻力"并非停留在宏观的概念上，而是潜藏在每一个工具和功能的推进过程中。

"我不是做IT出身的，但我是IT控，我手机都有三四部，有折叠的、非折叠的，还有电脑、外接的显示器等，你们能想象到的电子产品我都用过。"他说，2020年，疫情暴发之后，差旅变得困难，公司做移动通信方面的调整变得非常紧迫，于是进行了一下梳理，发现存在两个问题，一个是移动通信软件五花八门，什么样的都有，另一个是好多免费的软件已经不维护了，使用体验也非常差。

2020年6月，迟云峰尝试解决这两个问题，力主引入企业微信，却一度面临一些阻力。"当然不是盲目推这个事情，毕竟，万一不成了，会造成公司资源浪费。"他说自己从1999年上大学就开始用QQ，2011年开始用微信，对腾讯有天然的感情，也非常清楚腾讯这方面的实力，引入之前，又对企业微信做了一些调查，发现这个产品能抓住企业的一些痛点，有一些工具、方法肯定能解决企业的痛点。

"推之前，对比了其他的一些工具，我发现，无论是功能上，还是跟微信之间的交互，以及跟公司内部有些会议系统的交互，企业微信都有优势。因此，在那种情况下，我是很有信心的。"他说。

使用起来的提效情况，也证明了他的判断。比如说，原来天马内部都是用Outlook去管理日程，改为使用企业微信之后，因为企业微信可以实现电脑和手机双功能、互不影响，日程管理就变得非常方便，而且能跟会议等其他功能无缝衔接，用户无须来回切换。

"会议界面中，可以看到我今天要开哪几场会，会议发起人是谁；到了开会的时候，不管我是在办公桌前，还是在出差的途中，它可以自动、及时提醒我，我也可以直接进入，这个功能是非常方便的。"他说。仅仅这个会议功能，就解决了很大的痛点。

公司引入企业微信之后，还对它做了一些改造，将它与视频会议系统做了融合，进一步提升了会议效率和会议体验。"我们这种工作，线上开会的时候如果不开摄像头，不能面对面交流，非常影响体验。"他说，原来的解决方案需要采购视频会议系统，投资很大不说，而且如果有20个人参与会议，视频系统很难解决体验问题，"基于企业微信，我们现在可以做到手机、电脑、视频会议系统三个终端同时接入一个会议，画面上，不仅可以直接调用视频会议的摄像头，个人还可以通过手机终端接入，体验就会好很多"。

最终，基于企业微信和腾讯会议，天马微电子一年26万场次的会议，创下了一个纪录。这也成了从细处着手解决推行数字化阻力的一个样本。

"虽然数字化是一把手工程，但实际推进中，必须牵引各个业务独立运作，主动去追求实战领先、经营效益最大化，这样才能形成非常强有力的抓手！"另一个问题是，推进数字化显然不是顶层设计就够了，他说，如果不能意识到这点，大家都只为过程负责，不为结果负责了，"5+3变革项目里面的业财项目就是要解决这个问题"。

如何才算对结果负责呢？简单来说，OTD推进之后，各产品线交付周期总体缩短44%，也就是说，在这种目标牵引之下，虽然产品线很多，不同产品工艺流程和原材料特性有一些差异，交付周期计划目标提升 90% 以上。

正是在这种"日拱一卒"精神的指引下，天马微电子的数字化进程持续推进。"从数字化角度看，2022 年一年，我们做了顶层设计，2023 年做了 5+3 的项目，中间做了很多培训，也有很多核心人员参与其中，整个公司的文化氛围、对数字化的理解和认知都上了一个层次！"

基于这种认知，天马微电子的管理层对数字化升级具备足够的耐心。"目前这个阶段，还处于业务规格树立、业务流程建设、数据治理的阶段，真正的一些系统化工具都还在进行中，没有上线。原因很简单，在没有做好基础搭建的时候，硬上一个工具，这个工具一定会被废弃，就好比说，村里面没修路，结果你买了个大卡车，一开就被陷在泥里边动弹不了。"他说。

- 小结 -

为了让数字化升级更顺利、高效，天马微电子进行了缜密的考察，清晰地分辨了信息化和数字化的区别，并且明确了数字化的两大目标，再从战略出发，到顶层规划牵引，最终落地成"5+3 变革项目"，按节奏推进。

例如，技术不断地迭代，市场需求快速变化，公司如何才能把准市场的脉搏，让新技术、新产品更好地满足客户的需求？这显然是个复杂的转化过程，为了解决这个问题，天马微电子推动了 IPD 流程强化量产技术的引领。

这又分为两个项目，一个是"IPD 量产技术引领"，从技术路线去打通；还有一个叫 IPD 端对端效率提升，即在开发过程中快速响应客户的需求，以及提升研发的效率。这种效率提升的背后，是天马微电子坚持创新驱动，不断加大研发投入。随着数字化转型深入，可以预见，这部分投入产出比会大幅提升。

又比如"制造协同"的问题。目前天马微电子有十几个生产基地，如何让各基地的能力得到复用？这是个大课题，但又很现实，原因很简单，不同产线工程其实是有很大雷同性的，比如车载显示的工厂、手机显示的工厂，其实都类似于半导体显示技术的，如果能把先进的管理工具推到同样的生产基地，显然可以降本增效。

还有数据治理。数字化的目标之一就是数字化决策，改变原来俗称的"拍脑子决策"。所谓的"拍脑子决策"，就是在信息范围一定的情况下，你在脑子里做了一些粗略的演算得到了一个结果，由此做出的决策。未来如果用 AI 智能决策，一定要有数字参与，没有数字参与没办法做决策，但是出于一些历史的原因，系统有很多的垃圾数据，或者由于数据的字段、表单、标准都不一样，无法做到数据共享，因此必须开展数据治理的项目，夯实基础。

总体上来说，"5+3 变革项目"其实就是为了解决现有业务的痛点。不过，天马微电子管理层也发现，随着数字化的深入、不断迭代，新的业务痛点又会出现，这必然会衍生出新的变革项目。

正如迟云峰所说："需要想清楚，这不是一蹴而就的事情，既要有整体的顶层架构设计，往下落的时候，又要落到具体的变革项目里，回过头来，还要不停地复盘，看看做的每个项目能不能支撑整体数字化推进。"

广州地铁"穗腾 OS"：

释放管理"软动力"

"我们到底给交通产业带来什么？"时任腾讯智慧交通副总裁施雪松，过去 30 年一直在大交通行业，曾留校任教，从事无线电通信的教学科研，也经历过连续创业，加入腾讯之后，他依旧在思考这个问题，他的答案也很清晰："关注增量。"

"在整个交通基础设施上，中国投资巨大，比如公路运输方面，中国高速公路的里程、国道的里程、省道的里程等，在全球都遥遥领先，还有城市轨道建设方面，全球轨道交通排名前十的城市，9 个是中国的（2023 年数据）。"施雪松说。但他也提到，在过去比较长一个时期里，"重建轻管""重硬轻软"等问题相对比较突出，信息技术、数字技术的应用，不太受重视。

这个问题发生在交通行业的各个领域。这也导致无论是城轨运营方还是高速公路运营方，面对数字化转型，都或多或少有一些困惑：数字化转型价值是什么？转型基准是什么，又该如何做？

"发展到现在这个阶段，数字化的价值已经涌现出来了，比如说，自动驾驶方面的单车智能、车路协同、云端数据驱动，模式已经成型了，特斯拉就是典型代表。"施雪松说，未来，交通将从单纯的基础设施，扩展成包括管理者、用户和其他关联方的一个综合有机体，围绕数据驱动，每天都会进化。

在这个过程中，必须把路、人和车放到一个空间去看，视为一个综合生命体。数字化的价值，则依旧围绕六个字：安全、便捷、高效。腾讯在其中主要提供云、图、AI、实时数字孪生等，并构建一个底座型产品，让交通行业更安全、更便捷、更高效。

"我们更关注基础设施数字化，尤其是数字化管理，对安全、便捷、高效等的需求快速提升，这里面会用到大量技术。"施雪松说。腾讯携手广州地铁做的"穗腾OS"，就是这样的典型案例。

"痛点"与"情怀"的结合：从"统一语言"做起的"地铁数字底座"

"把穗腾OS做成广州地铁数字化转型底座，其实并不是当初设定的目标。"施雪松说。最初，广州地铁集团有限公司副总经理蔡昌俊博士提出的目标很简单，就是希望用数字化技术打破传统的单一定制功能模式，改善服务质量、提升运营效率。

这个目标的设定，与腾讯总部滨海大厦有关。由于滨海大厦楼层较高，电梯数量众多，为了让电梯运行效率更高、质量更高，腾讯技术人员开发了一套"微瓴"操作系统级产品，对电梯进行统一管理，只要输入你要去的楼层，系统算法会自动告知你去哪一部电梯，你进去就可以了。

"这是经典的小型封闭运输系统，背后的支撑算法，会把所有乘客要去哪一个楼层，以及每一部电梯的负载情况、停留位置等，做一个统一的计算，然后做一个最佳的调度，让运输效率最大化。"

施雪松说。

广州地铁的运营团队到腾讯总部参观之后,受到了启发,感觉这与他们的需求是一致的:地铁的运行,就像是铺平的电梯,目标也是更高效、更高质量地运载乘客,这背后涉及的支撑,也是电力系统、综合监控系统等等。

双方一拍即合,目标就是为地铁运营构建一套更高效、更高质量的运行系统。不过,比起电梯,地铁自然复杂得多。

一方面,从开始规划到建设完成,一条地铁线路的投资多达上百亿元,地铁规划、施工期限短则三五年,长则数十年,交付时与设计之初相比,用户需求已经发生了很大改变,往往在交付的时候,地铁的信息化系统(或者数字化系统)就已经落后了。业内将这种情况戏称为"崭新的落后系统"。

另一方面,城市交通轨道领域太专业了,子系统有三十几个,最难的"列控系统"主要包括3个独立的子系统——超速防护系统(ATP)、列车自动驾驶系统(ATO)、列车自动监控系统(ATS),这些系统各有供应商,再通过集成商统一承接。

这就导致地铁整体运营的持续优化面临诸多困难,运营方先要找到集成商,甚至再找到分包供应商,一步一步论证,修改费用高、周期长。

"一般对既有系统的升级,可能需要6～12个月才能完成;运营优化的改造,可能需要上千万元费用。改造后的系统可能很快又会面临与最新需求脱节的问题。这已经成了地铁运营方最痛的地方!"施雪松说。

信息系统落后、子系统多、供应链复杂,结合在一起,让数字化建设的目标俨然成了不能完成的任务:整个沟通,要从语言、标准开始。

"当时进去的时候，看到的不仅是功能，从人的组织、分类上，也是一种很分裂的功能分区。"2020 年 10 月 24 日（周六），时任腾讯智慧交通产研总经理的黄朝晖本来已经请假要休息几天，结果接到通知让周日去广州开会，他直接从家里赶到广州，一直待到产品交付，过程中，他与广州地铁方面的交互是从对齐"零件是什么"开始的。

"比如对'组件'的理解，我们认为，它就像微信里面的统一、可调用的标准功能，像支付、商品等；但在地铁项目中，组件更多的是一些软件或者流程；而且，地铁的各个供应商对此理解也不一样，大概花了三周的时间大家才统一了思想。"黄朝晖说。小的概念已经分歧巨大，大的平台、系统方面的理解，就更加千差万别了，因此，对"穗腾 OS"到底是什么，要做成什么样，没有很清晰的目标。

除了这种概念理解的差异，很多专业的系统名词，互联网企业员工连听都没听过，更不知道如何跟系统平台结合、对接上，这成了数字化升级遭遇的第一道难题。

以地铁内部为例，车站里面的配电室、中控室、水泵、闸机、风机等非常大，对各个子系统的专业度要求很高，电力、消防、信号等都有专门的团队，都是非常专业的，但是我们基于运营的目标想要拉通，问题就很突出了，负责电力的做完，就不往前走了，因为别的系统，他们也不懂。

"干了一年多，大家对轨道交通的了解也仅是皮毛，仅仅知道客户讲的东西是什么，梳理清楚它怎么接入平台。"黄朝晖说。对于各个子系统，例如供电系统里如何控制 400 伏电压之类的，他们依旧不懂，因此，更难深入专业的系统领域。

与一线团队同期，施雪松也开始在广州、深圳两地跑，不仅要解决现场存在的各类问题，还要解决合同、合作模式等方面的事情。

"上任之后，我做的第一件事情，就是把刚从香港回到深圳的汤道生（Dowson Tong，腾讯集团高级执行副总裁、腾讯云与智慧产业事业群CEO）拖到广州地铁项目。我跟汤道生说，真是不好意思，所有人找你都是有好消息，让你感到很愉快，只有我拖你过去是解决问题，这是很不好的！"施雪松笑言。

这次会议之后，内部进行了全方位梳理，很快，三天之后，汤道生带着项目团队再次面见广州地铁的高层和骨干团队，双方进一步明确了目标，就是要打造一个业内未曾有过的产品，解决当前运营中的痛点。

需求清晰，情怀满满，决心坚定，就这样，双方达成了攻坚、落地的步骤：广州地铁专门成立了一个工作组，由集团副总经理蔡昌俊博士牵头，配备30多名骨干人员；又专门在广州地铁大厦划出一个大型办公室，作为项目组攻坚场地；腾讯投入了常驻员工30多人（最多的时候将近100人）的团队在现场办公，从每一个细节着手，共同面对问题。

"从那一刻开始，我们用了整整一年时间将系统全部做出来了，虽然连'出生证'都没有（没合同也没钱）。"施雪松说。

"软力量"重构"硬动力"：软件实力支撑新的"to B方法论"

"为保障这个项目顺利交付，把事情做到极致，我们专门设置了一个新的组织架构,把双方人员重组到一起。"施雪松说。双方共同成立了一个"穗腾联合实验室",基于这个载体,对项目组重新分工,强化项目管理职能。

穗腾联合实验室的尝试,有效地将互联网公司的技术、研发经验与广州地铁的专业知识、行业需求连接了起来。联合实验室的主任由广州地铁副总工程师俞军燕担任,广州地铁派出了一个30多人的团队参与。

"为了让需求对齐、控制项目,我们一下子就批了两个项目经理过去,同时成立了研发组和产品组,完整构建了研发、产品和项目管理三条线,相当于帮广州地铁建了一支可以自己实际控制的研发团队。"施雪松说。

同时这支队伍将腾讯基因中最强的产品开发经验复制了过去,这套在腾讯内部被称为"烧烤法"的管理方法,完整覆盖并控制需求管理、研发、开发、产品化,提高了项目质量和效率。

这个过程中,依旧存在很多需要磨合的地方。"B端需求的理解难度很高,同时,团队需要将需求与技术结合起来,中间的gap(鸿沟)很大。"施雪松说。执行中,经常会因为没有找到"共鸣点"或者"协助点",项目停滞,客户担忧不满的问题也时有发生。

项目要不要继续做,团队内部也有过担忧。施雪松与团队进行了深度分析,判断非常清晰:"事情可以做。"而坚定他看法的,则是蔡昌俊亲自主抓项目,拿着个扫把当教鞭跟团队开会的场景,"蔡总跟我一样,都是学无线电出身的,最早也是做通信系统,对规程十分了解,运营的经验非常丰富,所以在需求理解上非常专业"。

项目进展过程中,蔡昌俊每周亲自主持周会,经常跟团队一起探讨问题至深夜,心急的时候,随手抓起什么都可以当成教鞭来用。也因此,他被内部戏称为"极客产品经理"。"我当时跟团队说,产品和研发听他指挥,绝对不会出错。"施雪松说。磨合了一个多月之后,蔡昌俊就非常放心了,双方的分工也很明确,他负责需求的引导,腾讯前线的同事负责需求固化,再进行研发,后端不断推动更多资源支撑。

尽管如此,随后长达一年多的开发过程依旧跌宕起伏。2021年,项目进展过程中,蔡昌俊数次感觉项目停滞,因为觉得很多需求太难了,不可能做出来。但是,腾讯团队凭借非常强的软件开发能力,从研发到产品落地,一步一步地完成了交付。

支撑这种专业能力的,还有双方团队吃苦耐劳的精神,以及快速应变的组织能力。比如,腾讯派出的项目负责人黄朝晖被公认十分吃苦耐劳,经常一待两个月回不了家,晚上十二点加完班,还会跟对方团队去街头搞一点小烧烤、喝点啤酒,互相加深理解。

基于此,穗腾联合实验室团队间的信任也不断加深,合作越来越顺畅,最终一年之后,产品完整交付。

穗腾 OS 功能强大,向下可以连接地铁各子系统、设备,向上能够支撑应用开发,保证地铁一线业务人员、管理者以及高级管理者,通过非常简易的、拖拉拽的业务编排方式,跨越代码鸿沟,直接编排业务。

对整个行业来说,实现这种连接、操作模式是非常困难的,这也是数字化和传统信息化的最大区别。而数字化还有一个好处,即可以构建一个"虚拟仿真验证"的环境,操作人员了解自己编排的业务流程,可以先让其在仿真系统里面运行,系统会自行检查是否有错误、是否能产生预期效果。

同时,新的业务流程一旦上线、发布,产生的所有新数据和新记录全部沉淀到系统里面，而且这个应用也沉淀下去了，会积累大量的新应用产生的数据，基于此可以进行各类报表分析。

穗腾OS作为"数字化底座"，上线之后，广州地铁的运营提升已明显见效。举个例子，早晚开关站是地铁运营的固有流程，每个站都需派几名员工操作相关的机电设备，每次耗时至少40分钟。穗腾OS上线后，地铁方面的人员通过策略引擎平台编排了开关站流程，根据各车站业务需求设置不同设备的开关顺序，自动调出摄像头进行确认，整个流程无须人工，10分钟全部完成。通过培训，大部分地铁方面的人员都掌握了策略引擎平台的使用方法，能基于穗腾OS沉淀的物联、数据和算法开发简单应用、优化现有流程，类似业务已无须外包给服务商。

"郑州地铁水淹事故之后，广州地铁基于穗腾OS，只花了两周时间就上线智慧防汛业务应用了，这在过去需要6～8个月，而且需要不少的建设成本！"施雪松说。

同时，广州地铁的这套系统，对于整个行业的数字化，形成了很好的示范效应。例如，广东交通集团了解了这套系统之后，明确要将"数字底座"写进集团的"十四五"规划中；广州沿江高速、四川蜀道在了解完之后，也都希望构建一套数字底座，真正实现数字化转型升级。

对腾讯而言，这也成了它在交通领域to B打法的方法论："我们发现，只要对方的领导自己是个'极客'，这个项目基本上就完成了80%，我们后来在其他几个赛道，每一个都找了类似于广州地铁这样的客户。"

小结

腾讯智慧交通将"未来交通"视为一个"生命体",原因是,随着信息化到数字化的升级,数据驱动和可计算成为交通行业的重要特征,由此,交通不再是传统意义上的基础设施,而是一个囊括了硬件设施、管理者、运输服务提供者、用户以及其他关联方的"综合载体",这些参与方每天都在变化,新的需求、新的矛盾、新的解决方案不断产生,由此构成了一个"生生不息的生命体"。

基于这种理解,腾讯智慧交通的目标是"助力交通行业做好数字化转型",通过把腾讯的云、图、AI、数字孪生、大数据平台等能力带给行业,提升交通基础设施的数字化覆盖率,助力交通行业客户提供高效、优质的服务。

在此目标指导下,腾讯智慧交通基于行业需求,构建腾讯的技术、产品能力,给行业和用户带去价值,助力出行更加高效、安全、便捷、畅通。

| 第三部分 | **产业升级**

开篇：

数字化如何革新产业链

时至今日，很多评论会把安踏实现跨越式发展的关键原因，归为对FILA（斐乐）大中华区业务的收购，就如很多观察者会将吉利的快速发展，归功于李书福惊险一跃、完成对沃尔沃的收购一样。但是，对照行业数据，以及整个中国服装产业链条发展脉络，我们不难发现另一套逻辑："人–货–场"的重构，才是国内服装产业链走出困顿的关键。

创立于1991年的安踏公司，依靠贴牌起家，在1994年正式创立"安踏"品牌，从代工厂向品牌批发模式转变。与中国众多体育用品公司一样，在20世纪90年代、21世纪头十年的"黄金增长"时代，安踏业绩快速增长。2007年，安踏总收入达到29.9亿元，线下门店达到4716家，并成功登陆香港交易所主板。

回顾这30多年的历史，可以看到，在资本助力下，安踏加速线下扩张、持续增加门店数量，同时，在营销上踩准了"奥运营销"风口（如2000年悉尼奥运会、2008年北京奥运会），实现品牌与销售额的"比翼齐飞"。到2010年，安踏总收入已经飙升至74.08亿元，线下门店数量有8000多家。

同样的增长，也出现在李宁身上。2008年北京奥运会，李宁作为奥运会赞助商，坚信凭借奥运会，李宁品牌可以从中国走向世界，创始人李宁本人更是以"飞人"的姿势，飞跃奥运会主会场，点亮主火炬，一时之间，风光无两。参考此前美国、日本、韩国的经验，所有人都在期待，李宁成为世界品牌指日可待。

顺应这种态势，奥运会之后，2010年李宁品牌创立20周年，营收达到94.79亿元，零售店铺达到7915家，相比2007年的43.49亿元、5233家，增长分别超过100%、50%。"黄金增长"势头下，李宁公司推出了"品牌重塑战略"。2010年6月30日，李宁公司发布了全新的标识，以及更加年轻化的广告语"Make the change"（让改变发生）。

李宁公司期待，此举能有效改变其实际消费人群主要分布在35～40岁的困境。然而，李宁迫切要抓住的"80后"，并没有让改变发生。原因很简单，2008年席卷全球的金融危机，导致需求侧发生了巨大改变，国内运动鞋服市场规模增速由2008年的32%，暴跌至2009年的11%，到2012年，这一数字甚至变成了负数。

供需失衡的局面，让国内鞋服行业的危机一触即发。2011年，服装行业库存危机浮出水面，随之而来的是，此前20年粗放发展埋下的种种问题全面爆发，如品牌产品的同质化问题，渠道及供应链的粗暴式管理问题，以及经营策略脱离经营环境问题，这成了所有行业从业者都绕不过去的难题。

2011年，李宁公司的营收跌至约89亿元，随后一路下行，到2014年已经跌到了约60亿元；相对应的，店铺数量也从2011年的8255家，急速下跌至2014年的5626家。同样的，2011年，安踏营收89.04亿元，到2012年下降至76.23亿元，2013年进一步下降至72.81亿元。

一叶知秋,这个困境并非李宁、安踏独有,而是整个中国服装行业共有的。以"中国鞋都"闻名的晋江哀鸿遍野,当时一篇媒体报道如此写道:晋江鞋服企业的产品,打出了"100元3件""200元7件"的价格,便宜到消费者直呼"不穿了擦地都比抹布便宜"。

在这种情况下,品牌商为了加速现金回流,加大终端零售的打折力度,亏损比比皆是。晋江系鞋服企业中,鸿星尔克2012年净亏损为7290万元;喜得龙2014年营收仅仅录得8.45亿元,相比2012年接近腰斩。

"经销商运营情况恶化,减少订货,拖延支付货款,甚至部分低效经销商纷纷关店断臂求生。"回望2011年,一些评论认为的"短期危机",远比大家想象的更为漫长,各品牌的库存由此开始快速攀升,于2014年达到最高点。

这背后,不仅是品牌老化、设计和产品同质化、制造低门槛化的问题,还意味着,服装产业链从20世纪90年代开始的"品牌+渠道"玩法,因为品牌离消费者太远、不懂消费者而彻底走向没落。

如何改变成了摆在所有品牌面前的难题。如今回望,解决之道,唯有果断跳出原有的体系。品牌的危机中,一条隐秘的"发展通路"正在悄然崛起:从依赖经销商的"渠道为王",走向依托数字化的"理解消费者需求为王"。

2009年,"智衣链"创始人钟凌云在广州接到了一个奇怪的订单——港星陈百强纪念会服装,一共不到200件。那时候,电商也不是很发达,发单的客户在网上找了两三个月,没有工厂愿意接,原因很简单:一方面,服装开版费很高;另一方面,100多件衣服，一卷布料不够，两卷布料又用不完，工厂一旦接了，基本就是亏钱。

钟凌云接下这个订单，拿出所有积蓄，包括信用卡套现，自己在广州天河区开了个几百平方米的工厂，持续攻坚，做到第9批才成功。"后来我们给他的价格还是很合理的，他就觉得可以长期跟我们合作。"客户确定下来跟钟凌云长期合作，让钟凌云很兴奋，他毅然决定继续做这个东西，但当时所有人都反对，包括他家里人。

面对"小订单"这个空白市场，钟凌云深思了很久。

服装业传统的经营模式是"以产定销"，也就是基于设计和生产能力，确定销售模式和销售渠道。小订单模式（十年后，被统一命名为"小单快反"模式）显然彻底颠覆了这种产业逻辑，使之变成了"以销定产"，即有了订单以后才去组织生产和销售。这种变化到底是昙花一现还是必然趋势，到底有没有可能实现，站在2010年的时间点上，一切都是未知数。

在钟凌云看来，服装生产是一项复杂的工作。一方面，生产会涉及衣扣、布料、拉链等多家供应商，按照传统的生产协作模式，企业间通过人手用纸笔、电话、邮件等方式记录、沟通进度，一旦订单太多，不但信息传递不够及时，甚至会产生差错，而导致无法按时生产和交付；另一方面，不管是品牌商还是传统电商企业，由于内部的管理模式、制版和采购流程，都很难顺应这种变化。

而"小单快反"的模式，本质是基于数字化技术，深刻理解消费者需求，并在极短时间内将这个需求提炼出来，依靠快速反应的供应链，以小批量首单先上架，再追加返单的模式，将一件衣服从设计到上架的时间大大缩短，改变了以前"品牌+渠道"模式下，品牌负责设计、生产，再铺货、上架，最终才面对消费者销售的漫长流程。

因此，这个模式空间很大、前景很好、未来预期很好。最终，钟凌云投了 20 万元在第一个工厂里，并在随后几年里，陆陆续续建了四个工厂。

实际上，随着消费需求的持续变化、数字化的持续赋能，"小单快反"模式逐步站稳脚跟，并壮大。不过，圈外真正关注到这个"隐秘商机"，又过了 10 年。2020 年，希音、犀牛智造的名头已然响彻市场，其中，希音的出货量，几乎拿下了广州各大服装企业 30% 的制造能力，包括浔兴拉链在内的服装产业龙头供应商，不得不全面、深度参与这种新玩法的变革。

这是后话了。

时间回到 2012 年前后，面对行业困境，品牌鞋服玩家纷纷自救，不过视野中并没有"小单快反"的模式。例如，"晋江系"品牌玩家中，鸿星尔克、喜得龙等品牌看到 ZARA（飒拉）的成功，宣布转型休闲服饰；贵人鸟持续加码补贴经销商，试图强化渠道优势。

这当中，安踏走了一条看似艰难的路：零售战略转型，从"品牌批发"变革为"品牌零售"。为了解决渠道层级过多、臃肿的问题，安踏总部取消分布在各大片区的运营管理中间层，使组织结构扁平化，精简分销架构，取消大区、分区经理、经销商、加盟商层层渠道，直接设立销售营运部对接各地区的加盟商，以对市场做出更及时准确的判断。

严格来说，到 2012 年前后，整个服装行业都已经意识到渠道问题的严重性，这背后反映的，恰恰是供求关系变化导致的"人 –

货－场"关系重构，本质上，也就是从"以产定销"到"以销定产"模式的彻底变化。

但是，果断出手解决，并且通过信息化解决问题的企业并不多。安踏是其中最坚决的。安踏的做法，给渠道带来了两大改变：一是加盟商订货改为了单店订货，强化对加盟商的管理，并且要求经销商入股，实现利益关系捆绑；二是零售标准覆盖全国每一家店，保证消费者品牌体验的一致性。

为了保证变革成功，安踏全面拥抱信息化和数字化。通过ERP系统、SAP（思爱普）软件的100%覆盖，安踏总部快速统一了全国大部分安踏专卖店、加盟店的信息数据。同时，通过信息化管控，总部能够实时了解分销商的零售、折扣、存货情况。考核指标从原来考核出货量，改为考核库销比、连带率、客单价等零售指标，提供订货指导、门店陈列指导和店员培训。

信息化的好处远不止于此，基于统一的信息、数据，安踏总部在库存处理、产品设计、新货补充方面拥有了主动权，且可以直接指导经销商订货，这反过来又提升了加盟商的信任度和合作意愿。

在信息化、数字化保障下，安踏的渠道改革获得成功。在同期晋江系鞋服企业，如贵人鸟、匹克、喜得龙等纷纷折戟的背景下，2014年，安踏集团的终端销售率先回暖，折扣率、售罄率均出现持续好转迹象。

与此同时，李宁品牌的一系列动作开始落实，牵一发而动全身的变革，迅速激活企业内生的变革力量。从结果来看就是，线上单店销售创纪录、YOUNG品牌重塑、运动时尚概念持续推出。到2018年，"中国李宁"概念推出，一场出口转内销的纽约时尚秀，因为B站、微信朋友圈的持续引爆，瞬间让李宁站上了引领"国潮"的浪潮之巅。

回头去看，这些动作包括两大举措。

第一个举措发生在2015年，创始人李宁重回一线，宣传语改回"一切皆有可能"，定位也从传统装备商转型为"互联网+运动生活服务提供商"，即全面拥抱线上、拥抱互联网、拥抱数字化。李宁集团与腾讯智慧零售合作打造的"商圈评级体系"，通过用户圈层分析，为李宁门店选址提供决策依据。大数据帮助李宁优化了门店的位置，更重要的是给产品设计提供了极为精准的数据参考。

第二个举措的时间来到了2018年，此时基于微信生态的"私域"布局也正式启动。这一年，李宁通过加强公众号、小程序等品牌阵地的建设，搭建品牌新官网。在李宁看来，品牌官网肩负着两重使命：一是通过直接有效地触达消费者，拉近与消费者的距离；二是基于互动勾勒出更加清晰立体的消费者画像，洞察其需求和喜好。在这两点上，基于微信生态的小程序拥有得天独厚的优势。

也是2018年，李宁推出"驭帅XII"敦煌主题款篮球鞋，李宁品牌与Z世代的精神连接全面激活，品牌重新生长。2019年，李宁的营收达到138.7亿元人民币，较2018年上升32%。2020年在新冠疫情影响下，营收依然实现了增长，较2019年同期上升4.2%。

"私域是能让消费者有互动和浏览习惯的一个阵地。"通过私域，品牌和消费者可以产生更多内容和应用层级的互动：内容层面，品牌可以向用户传递新品资讯、品牌理念、创新科技和营销活动等；应用层面，则可以通过订单、权益、服务等环节的优化，为消费者创造更好的体验。"李宁集团副总裁兼电商事业部总经理冯晔说。截至2024年，借助官方小程序，李宁已经积累了3000多万全域用户。

面对Z世代和全新的"人-货-场"关系，尝到了信息化、数字化甜头的安踏在2020年8月宣布启动"DTC模式转型"，进一步改组线下销售渠道，从"批发型零售"向"直营型零售"转型，基于线上私域运营和线下直营门店管理的闭环，实现线上、线下"人、货、场"的全面打通和重构。

DTC变革前，安踏有60多个分销商，他们以3.9～4.1折向安踏提货，再以4.6～4.8折转售给加盟商，终端零售折扣为7～7.3折。DTC变革后，安踏提高了品牌直接面对消费者的比例，直营型零售启动的第一波涉及11个省市的约3500家门店，其中约60%由安踏集团直营，40%由加盟商按照安踏运营标准管理。

根据计划，到2025年，安踏直面消费者业务占比将达到70%，线上业务占比将超过40%。通过这种方式，安踏品牌、商品可以直接呈现给消费者，从消费者洞察、商品开发、企划、运营到营销各个环节形成闭环，同时利用线上私域运营数据，结合全国所有门店的实时营运数据，深化会员价值、提升用户留存率，进而带来运营效率的持续提升。

同时，基于私域运营、数据闭环，安踏还可以细化消费者画像，解决对Z世代、年轻人群乃至各类消费者的洞察问题，进而推进品牌塑造、产品演绎、用户体验、内容互动、门店空间展示等维度的全面年轻化。

品牌商纷纷高调转型，找寻与消费者的直接联系，通过消费者洞察驱动品牌发展，影响设计乃至产品生产模式，这些自救举措的背后，"小单快反"玩家也在悄然但快速地变化着。

在广州番禺，智衣链工厂瞄准小订单服饰市场，引入大规模自动化机械、人工智能技术、工业自动化软件，通过企业微信为重要环节的数字化系统连接了产业链上下游，让数字赋能传统制造业在现实中发挥新效能。

"如果有人做五六十件衣服，根本没办法，拿一卷布，就太浪费了，会剩下很多；同时，五六十件要打版，很多工厂不愿意去做，这成了行业一个很大的痛点。"钟凌云说。需求侧变化已经持续了十多年，自十余年前接"明星粉丝单"之后，钟凌云就一直在思考如何解决这种违背服装产业链模式的需求。

"现在个性化越来越强，情侣装，或者家里有五六个人，要五六件衣服，这个时候市场就形成了。再往下，个性化要求越来越强，时间越来越短。"钟凌云说。最终，这个模式最难的是"要能生产一件"！

摆在"钟凌云们"面前的是"生产一件"的难题；摆在后端供应商面前的，还有更多难题待解决，如：工人结构的变化（年轻人不愿意下工厂），"小单快反"模式带来的生产线管理、质量管理、仓储物流等方面的压力。

作为全球仅次于YKK（一家日本拉链企业）的拉链制造龙头企业，浔兴拉链很早就意识到了问题。自2006年上市之后，其先后请了四任CIO来推动内部信息化升级，到2017年及之后，更是每年投入数千万元用于全方位改造。在中国铝业长期从事信息化工作的林宇，就是在这前后加入了浔兴拉链，踏上了助民营企业进行信息化转型征途。

"现在最大的挑战是'小单快反'，客户需求倒逼着我们走。"林宇说。过往的模式是，每个季度都会开产品订货会，根据订单、需求情况生产、铺货，再发到门店。对浔兴拉链来说，"那是比较好做的时期"，一次订货就是几十万条拉链。现在，订货会没了，客户数量和订单量大幅增加，"订单多到数不清，哪怕一个订单只有几百条、几十条拉链，我们也必须按单服务。如果没有生产流程的数字化，光靠密密麻麻的人坐在车间里，是弄不过来的"。

对浔兴拉链来说，变化来自两个层面。

首先，订单数量变多，但是单个订单量变小，原来一个车间可能就承接几十个订单，一个订单几十万条拉链，现在变成了，订单总量可能几十万，但一个订单就几百条拉链，甚至是几十条；其次，原来客户一个季度或者一个月下一批订单，现在就跟股票交易一样，随时可以下单，一会儿下一批，一批几十条、几百条都有。

为了应对这种需求模式的变革，浔兴拉链不得不持续调整背后的供应链体系和生产体系，从原材料采购，到整个生产、仓储物流，全部要再造。

"一方面是生产线的变化，拉链生产模具要换、参数要调，颜色也多种多样；另一方面是工人的生产模式和生产效率，以前生产一个款式、一个颜色的拉链就好，现在视觉上、操作上、质量检测上，每个订单的要求都不一样，如果没有数字化的辅助，效率提不上来。"林宇说。这背后还涉及备货计划和排产，一个班一天要生产几十个不同规格和要求的订单，生产线的快速切换、前后工序的衔接、采购备料的协同都被急速放大，人、机、料、法、环，环环相扣，一环都不能出错。

"数字化让这些工序产能度量能够到人，环节协同靠流程推进，不能再靠班长站起来在车间大声吼。"几年下来，这是让林宇印象最深刻的改变。从产线、生产、质检，到出货、仓储物流，每一个环节,都在考验柔性调配的基础能力,"拉链行业的数字化,我们应该是走在最前面的,现在拉链行业的平均交付周期最优的是7～10天,浔兴在新模式下最快3天。这几年,为什么那么多中小厂关闭,因为它满足不了(柔性制造)需求"。

浔兴拉链和林宇突破的地方,恰恰是中国服装产业链上千千万万个中小企业正在面临的难题。对于中国千千万万个小服装从业者来说,从终端门店到成衣的生产规划,成衣厂、面料厂、拉链厂,还有仓储物流,一件衣服生产制造的整个产业链,每个环节都需要协同,都有诸多问题需要去解决。

如同每一轮科技革命总是最先影响衣、食、住、行等刚需,纺织服装行业就像晴雨表、温度计,能敏锐地反映出科技变革带来的效率变革……

可以说,到了2022年,大品牌、产业链上的先行者、产业链上的龙头供应商,殊途同归,走到了一个产业链变革的历史交汇点上:

大品牌考虑的是如何离用户更近,如何更直接地获取用户的个性化需求;

产业链上的先行者考虑的是如何更快、更高效、更低成本地满足用户个性化需求;

产业链上的龙头供应商考虑的是如何从以前大订单销售模式,转变为更为贴合"小单快反"的生产模式。

一场深刻的革命,正在悄然发生,数字化在其中扮演着重要的角色。

而且,这种变革带着极强的"不可逆转性",如历史的车轮一样,滚滚前行:随着电商直播、数字经济的崛起,潮流热点更迭的速度以分秒计量，过时的货品积压会给品牌致命一击，这个问题的另一面，则是需求的多元化、个性化和碎片化。

可以说，谁能应对这种需求侧的变革，谁将笑傲下一个时代。

李宁：
3000万私域用户带来的"更懂消费者"

李宁公司2023年度财报显示，全年收入275.98亿元人民币，同比增长7%。与此同时，截至2023年底，李宁品牌（包含李宁核心品牌及李宁YOUNG）常规店、旗舰店、中国李宁时尚店、工厂店、多品牌集合店的销售点为7668家，较2022年同期净增65家。经过3年时间，李宁也已完成高层级市场渠道拓展卡位布局目标，核心商业体进驻率提升至接近90%，店铺形象升级同步加速，共新开、升级九代店超230家，进一步提升消费者购物体验。

作为对比，截至2022年底，耐克和阿迪达斯在中国市场的份额均持续下滑，其中，耐克下滑了19%，且已经是连续3个季度下滑；阿迪达斯大幅下滑了35%，且已经是连续5个季度下滑。对于增长成绩，李宁公司简单地总结为"单品牌、多品类、多渠道"策略的成功。

确实，不同于安踏在2009年收购斐乐大中华区业务之后持续采取的"多品牌"战略，李宁"单品牌"策略更接近于耐克、阿迪达斯这些国际品牌。简单对比就可以发现：安踏主品牌收入在总收入中的占比仅为50%左右，耐克主品牌收入占总收入的比重超过 95%（匡威占比仅约 5%），阿迪达斯在出售锐步之后，更是主要依赖唯一品牌了。显然，李宁的销售结构与耐克、阿迪达斯更加类似。

这背后的原因，或许与李宁在 2011 年至 2014 年持续遭受的重挫有关。在品牌更新计划失败之后，2015 年，创始人李宁重回一线，品牌宣传语改回"一切皆有可能"，强化"李宁"品牌价值。品牌定位也从传统装备商聚焦为"互联网＋运动生活服务提供商"，也就是要全面拥抱线上、拥抱互联网、拥抱数字化。

同时，李宁与腾讯智慧零售合作打造了"商圈评级体系"，该体系通过用户圈层分析，能为李宁提供选址决策依据。大数据帮助李宁优化了门店的位置，更重要的是，给产品设计提供了极为精准的数据参考。

2018 年，李宁进一步启动基于微信生态内的"私域"布局，通过加强公众号、小程序等品牌阵地的建设，搭建品牌新官网。李宁认为，品牌官网肩负着两重使命：一是通过直接有效地触达消费者，拉近与消费者的距离；二是基于互动勾勒出更加清晰立体的消费者画像，洞察其需求和喜好。在这两点上，基于微信生态的小程序拥有得天独厚的优势。

牵一发而动全身的变革，迅速激活了企业内生的变革力量，线上单店销售创纪录、YOUNG 品牌重塑、运动时尚概念持续推出。2018 年，"中国李宁"概念推出，一场出口转内销的纽约时尚秀，因为 B 站、微信朋友圈等全域的持续引爆，瞬间让李宁站在了引领"国潮"的浪潮之巅。

到 2018 年 7 月，推出"驭帅 XII"敦煌主题款篮球鞋后，李宁品牌与 Z 世代的精神连接全面激活，品牌重新生长。2019 年，李宁的营收达到 138.7 亿元人民币，较 2018 年上升 32%。2020 年在新冠疫情影响下，营收依然实现了增长，较 2019 年同期上升 4.2%。

这也意味着，李宁品牌不仅通过重新定位，站稳了脚跟，还通过产品原创，实现了潮流引领的目标。这背后就意味着"更懂消费者"。

弄懂消费者需求：从战略维度思考"私域"

或许是因为 2011—2015 年间的教训太过惨痛，李宁公司对于行业周期、消费者感受，以及伴随而来的品牌价值、多元化体系，都有了深刻的认知。

"服装行业不是第一需求的刚需，因此会受到宏观经济、居民消费水平以及行业大周期波动的影响。"李宁集团副总裁兼电商事业部总经理冯晔说。不过，过去几年，更深刻的变化并非宏观环境和行业周期，而是消费者喜好。

原来消费者对产品的诉求比较单一，且会接受长生命周期的产品；但是，这些年，随着经济持续发展，消费者诉求变得更加多元，由此带来了两个层面的变化：一方面，消费者喜新厌旧速度变快，导致产品生命周期变短；另一方面，基于消费场景细分的需求越来越离散，导致细分市场的颗粒度越来越细。

"比如说，从风格角度来区分，女装几乎有无数种风格，再匹配上价位、不同地区的情况，以及品牌议价能力、品牌的层级等，原来自上而下的打法基本上是无效的。"冯晔说。颗粒度越细、个性化越来越高，背后还有更多诉求，例如，很多消费者希望产品的功能与颜值并存，或者希望能兼顾社交和健身等多个场景。

由此导致市场结构的复杂度持续提高：顶层做趋势引领的品牌、跟随趋势型的品牌、单纯模仿型的品牌、"白牌"以及其他个性化的牌子，每个类别都有各自的目标用户和相应的市场份额，看起来非常繁荣，但也意味着激烈的竞争——大量品牌从新生到死亡，以及市场和供应链快速波动。

可能正是基于这种清晰的认知，李宁公司持续推进变革和创新，用冯晔的话说："要想活得更长久，只能不断让自己跳出舒适区。"这种跳出"舒适区"的思路，让李宁在产品、科技方面持续创新，在时尚文化潮流层面持续沉淀，同时坚持产品原创、推动经营效率的优化，等等，"自我的一些危机感，会让整个团队做得很痛苦，但是这种痛苦所带来的结果还是可以的"。

冯晔口中的"好结果"，本质上就是站在整个行业的竞争角度来说，李宁更懂消费者了，且持续不断地"懂消费者"，例如针对年轻消费者，李宁不仅要搞明白他们喜欢什么，还要通过"懂你"的方式，让年轻人喜欢上"李宁"这个品牌。

这背后，恰恰就是"零售数字化"的价值。

冯晔将零售数字化拆解成了三个模块，线上的数字化营销、私域数字化运营以及经营体系数据化分析和数据化预测。站在最前端的，就是数字化营销和私域运营两个。

"目前私域触点很多，各个平台都在构建私域玩法。"冯晔认为，私域的核心并非平台，而是能让消费者养成浏览习惯，并有一个互动的阵地，基于此，企业才能使用其他手段，在消费者浏览和互动的过程中实现自己的想法。而这一点，恰恰也是各家打法中看起来大同小异，其实内核差异巨大的所在。

浏览意味着内容。整个私域运营的起点，是如何吸引消费者关注，并让消费者知道品牌新出了什么样的产品、构建了什么样的故事，以及这个产品背后是什么样的设计理念、包含哪些黑科技，等等。

这又与数字化、营销活动密切关联，包括秀场、明星、冠军赛事等具有品牌独特性的事件性的营销，都会在内容层面进行呈现。

互动则意味着场景。这些场景可能包括订单相关、服务相关、权益相关、交易相关等维度。这个过程中，非常重要的一点是，怎么让消费者有更多时间和兴趣，参与品牌构建的互动场景、私域场景。

李宁的私域打法，正是基于这两个层级，最终目标则是让消费者与李宁品牌，以及品牌下的产品、商品、零售、运营、市场活动以及售后等进行"直接互动"。

实际上，过去几年，从平台电商到内容电商，几乎每一波数字化浪潮，李宁都在积极布局。那么，为何最终"私域"建设成了李宁数字化战略中的关键一环？

首先，这与消费者的互联网使用习惯和应用习惯有关。

相比国外，中国的消费者更习惯使用平台类应用，而不是单一品牌的 App 或者 web 网站。可以预见，随着微信端持续的用户教育，未来，品牌 App、web 的使用人数及使用时间都会持续下降。

其次，这又与品牌发展思路和外部零售市场行业规则相关。

例如，线上的电商平台会有很成熟、很强势的规则来管控。无论是在商业促销、订单规则还是各方面的服务标准，平台都会有明确的规则，并且要求所有的品牌、商家遵守。但是，很多时候，这些规则和品牌自身所要做到的，或者说要达到的经营目标和目的，并不是完全合拍的、一致的。基于小程序的私域体系,恰好就打破了这一点。

"微信小程序,基本上是在微信平台体系基础上,充分赋予品牌商、零售商进行独立运作的自由度,包括允许品牌商架构大量的应用端、服务端的内容,而不是单纯为了收割卖货。"冯晔说。

实际上,会员体系、会员标签体系、会员的精细颗粒度运营体系、商品运营体系、零售运营体系、人群标签对应的精准内容营销等,丰富的运营维度可以让品牌商基于自己的需要来构建运营体系,让自己更懂消费者。

但是,"更懂消费者"之后,必然涉及直接商业化和间接商业化的问题。"如果是一个大型的品牌,显然不能只是看直接的商业流量变现。"冯晔说。从战略维度考虑,通过各方面运营将其发展成忠实用户,用户在消费过程中的体验良好,自然就会留下来。

这恰恰是"私域"对李宁的战略价值。

"线下及外部打通"与"三大功能":"私域"最重要的是"消费者资产"

事实上,如果私域只是前端运营层面的考虑,显然并不能成为公司的战略机遇。在李宁,这个问题有另一个思考维度,那就是"消费者资产"。

"一个品牌最核心的资产是什么?不外乎品牌的商品资产和品牌的消费者资产。"冯晔认为,消费者资产的本质是用户承载,从线上来说,小程序可以通过服务架构体系,让消费者沉淀在"品牌池"里。

当然，除了小程序，其他电商平台也可以承载消费者资产，但是，电商平台与小程序最大的不同在于，二者的目标是不一样的。电商平台所承载的消费者资产，往往是有直接购物意愿，或者是准购物意愿的；小程序所承载的消费者资产，则是未来可能长期会有服务需求的，或者有兴趣爱好需求的，未必一定是当下购买，从未来角度来说，这可能是一个非常漫长的长期购买路径。

"小程序私域所承担的使命跟京东、天猫、唯品会等承担的使命差异很大。"在冯晔看来，私域至少可以分为三种，首先是围绕订单服务、内容和商品，反复进行精细化消费者触达的；其次是单纯进行内容服务、内容营销的平台和阵地；最后则类似抖音、京东的店铺，也算一种维度上的私域。

"不同的私域所承载的使命是不一样的，对比下来，小程序的复杂度和延展性，以及腾讯整个公域流量所提供的触点，使其能承载更高的使命。"冯晔说。电商平台的公域流量，往往是以订单销售、商品教育为目标的，这就会让消费者形成固定的使用习惯，导致消费者有这方面的需求才会进入这个平台；相比之下，腾讯公域流量的包容度、丰富度会强很多。

这套看似差异不大的逻辑，在演进到"用户服务"环节，就会出现巨大的差别。打个比方来说，抖音也在做私域，但抖音是很难从别的平台获得公域转私域的流量的。小程序就不太一样，它既可能会有外部平台（例如知乎、小红书）上KOL（关键意见领袖）、KOC（关键意见消费者）带来的流量转化（直接从外部平台上跳转到小程序里面来），也会有地面门店的流量入口（线下流量与线上打通）。

这背后又涉及以下两个更核心的问题。

首先，第三方平台、线下门店进来的消费者需求，可能会非常多元，比如，他具有的可能是内容需求、服务需求，也可能是购买需求，这些需求本身在电商平台里面，显然是难以充分区分、满足的，但是小程序有足够的自由度，品牌商在规划小程序时，如果能有效地构建好生态体系，自然就能实现充分服务，进而构建起深耕（如品牌忠诚度）和转化（购买）。

其次，从人性角度来说，第三方平台和线下门店之所以会允许"流量跳转"发生，背后一定不能存在"直接利益冲突"，也就是"销售额、GMV到底归谁"的问题。

这个问题，在过去十几年里，一直是行业性难题。电商平台与线下（商场店、门店）持续相爱相杀，不仅困扰了各个平台、零售商，对品牌商来说更是不堪其扰。2016年，王健林与马云在央视开了一个"几年后电商与商场谁的零售额更高"的赌局，虽然结论已经消散在了历史的笑谈中，但造成的"渠道撕裂"却真实存在，很多品牌商内部，电商渠道与线下渠道的"大战"硝烟弥漫。

小程序某种程度上可以有效弥合这个问题。冯晔说，很多平台所希望的目标非常直接，基本上是为了最终的GMV，"从我的角度来看，销售、GMV是蛮重要的，但有很多事情其实是比销售更重要的。所以，在这个平台里面能够搭建另外一个体系，和消费者进行互动，并提升经营服务体验，对品牌经营者来说，这是更重要的底层价值"。

同时，由于直接关注GMV，绝大部分电商平台与线下的业务天然存在隔离。"线下负责人肯定会担心，你把用户的浏览习惯、购买习惯全部变成线上，那以后线下业务还怎么做？这是很正常的人性，没有什么对错可言。"冯晔说。

这个问题，在微信小程序上同样会好解决很多，这也意味着，它可以让"私域"用户非常友好、平滑地进行线下的联通和互动。

"过去一年，仅从官网小程序注册引导到线下成交的（购买行为没有发生在线上）GMV就已经过亿了。"冯晔说。这就能很好地体现小程序私域运营的有效性，不仅是可以给电商提供GMV，还能与线下实现互补。

同样的情况，在其他平台（如电商）上则不可能发生。因此，微信小程序产生了这种"运营交换"的价值之后，其与线下的互联互通、体系化运营，自然就顺利很多，很多事情会好谈很多。"但是，其他平台肯定连谈都谈不了。"冯晔说。

基于这种战略思考，李宁对"小程序私域运营"的功能定位自然就很清晰了。冯晔将小程序定位成品牌官网，而不单单是一个销售渠道，"传统品牌对小程序的定义就是销售渠道，我们一开始就定位，并不单纯为了销售而做小程序，还提前考虑了和线下门店的互动，比如利用门店导购和企业微信做社群营销，以及跨渠道的场景等"。

同时，为了做好"私域"，李宁集团对组织架构进行了大刀阔斧的改革，"将全渠道业务全部划到私域部门，与电商部门并行，负责人直接向CEO汇报"。在此基础上，冯晔将小程序私域运营分为两个阶段：首先，公域流量从哪儿来？其次，消费者进入私域之后，企业怎么服务好他们？

如前所述，由于小程序承接能力、包容度都非常强，因此小程序获取的公域流量范畴非常广。"小程序不是单打独斗的阵地，它需要连同外围的公众号、服务号、门店的会员体系，以及其他平台的KOL、KOC等，做全方位的消费者引入。"冯晔说。

实际上，不同行业在流量触点建设上，都已经有了很多成功尝试，比如，移动营业厅、医院预约挂号等。这个过程中，腾讯体系内也有很多可以使用的精准化人群触达产品，例如腾讯广告、公众号、社群、企业微信等全域触点。

在这方面，李宁集团做了很多尝试，例如，搭建小程序商城后，通过常规化的广告投放，从朋友圈、公众号等各个入口进行引流拉新。同时，在从公域引流至私域沉淀的路径上，李宁集团采取了更加适合品牌的"先直购，后加粉"策略：通过广告投放，先吸引用户直接到小程序上购买，再让购买用户在小程序里关注公众号。相比常见的"先加粉，后直购"链路，这种链路能够帮助李宁精准地筛选出实际购买人群。

此外，李宁还利用微信的"社交裂变"优势，采用点亮券、砍价、拼团等玩法，激活全渠道新老用户，平均带动超过20%的用户参与，建立起滚雪球式的运营模式，为小程序带来稳定流量。借助社交裂变常态化运营，李宁成功培养了用户的社交分享习惯，并在此基础上推出线上CPS（每次销售成本）分成举措，极大地激活了用户社交关系链，带动小程序日均GMV提升30%。

"总体而言，李宁并不会非常刻意地用利益点、折扣、优惠的钩子去引导用户来沉淀微信私域，而是用一些商品、品牌事件、会员服务去吸引消费者参与到私域场中。"冯晔说。这也符合不为了GMV而做的底层逻辑。

用户进来之后，私域运营的服务是重要课题，也是考验品牌商、服务商内功的关键。冯晔将"私域运营"功能归纳为三个维度：消费者互动服务、消费者教育以及消费者会员体系的召回与联动。

这三者本质上都涉及公司顶层架设的问题：产品架构板块、日常运营板块、营销内容服务板块等,这些显然不是"小程序运营团队能独立完成的",需要公司内部其他部门一起,提供标准化、非标准化的服务。

举个简单的例子,售后模块有大量服务相关的事情,既涉及终端又有整个售后客服的体系,还会涉及前端的小程序运营体系,这个显然不是小程序团队自己能做的。

在这个过程中,小程序的运营团队搭建了一个匹配公司战略的平台。然后,平台内的内容、运营模块,由其他的部门一一往里填充。"千万不要变成小程序团队或电商团队单打独斗的事情,它其实是整个公司前后端大量部门一同来建设的阵地。"冯晔说。

当然,要想实现这一点,品牌需要很强的底层技术能力和持续战略投入。"品牌商要想明白,越复杂的生态和越复杂的体系,对于品牌商的价值越大,它的考虑就会越淡定和越笃定。这些长期建设的逻辑,一定非常考验品牌商自己的战略能力和持续建设的能力。"冯晔说。

无论是IT产品开发、产品规划,还是持续进行私域运营,以及在线上重新架构服务体系、内容体系、消费者的互动体系,都是巨大的考验。正因如此,过去几年,李宁一直在持续投入。

"首先是进行底层建设,比如,我们在小程序的二期建设投入是巨大的,服装行业品牌里,基本没有这个体量;还有前台和中后台的硬件投入,以及OMS、ERP等中后端的系统,都在持续迭代。"冯晔说。在底层之上,持续运营的内容、服务和互动,都构成了长期的经营成本。

做好"数字化基建":"三大体系"的价值与战略定力构建

对李宁集团来说,沿着"全域体系"基础技术平台、运营能力往上,很容易就走到了整个品牌数字化基建的建设上。

冯晔说,对李宁集团来说,整体数字化基础设施建设包含三个方面,首先是会员体系的承载,这个部分,线上的核心就是"官网"(小程序),线下部分就是商场店和门店,"包括权益互通、服务打通,以及公域流量的承接等,全部围绕这个体系来建设"。

其次是全域流通的数据洞察,这是更深一层的运营体系,将线下、线上(含私域、订阅号、服务号以及其他公域触点)的数据打通进行数据洞察,结合算法体系、搜索引擎优化,最终,这部分可以输出更细颗粒度的人群运营体系,如千人千面的页面、个性化的货架陈列。

最后就是交易体系。在会员体系、数据体系基础上,围绕交易这个核心点,搭建出包括系统并发能力(如促销造节时的大用户量短时间涌入)、营销能力、促销能力、互动能力在内的整体能力体系。

整个数字化基础设施的搭建,又持续反哺李宁的全域运营体系。目前为止,对比同行业其他玩家,李宁小程序上货品的丰富度是最高的,同时,运营手段也最为丰富。李宁会选择一些特殊的、重要的商品在私域进行首发,比如,过往的各类韦德限量款,以及2022年4月初发售的利刃2.0低帮篮球鞋、5月初发售的吾适2.0跑步鞋等,消费者均可在小程序上预约,再通过小程序或到门店购买,同时,很多线下商品的发售抽签也由小程序完成,实现了全域运营。

丰富的打法，给了全域运营亮眼的表现。一方面，李宁官网小程序的 GMV 增长迅速，目前已经占到了线上直营电商的将近 10%。这样的占比，在李宁庞大的业务体量下，基数足够惊人。另一方面，更重要的是，私域已经展现出了长期运营的价值，包括用户忠诚度更高，客单价和复购率均高于传统电商平台，以及其他同行。

同时，这套体系也有效地赋能了李宁的产品能力。如前所述，服装行业结构性变化已经发生，根据消费者的数据洞察，不断滚动预测、滚动更新经营节奏和经营策略，已经成了重要的经营手段。

私域是一个很好的消费者分析和洞察平台。私域中沉淀下来的消费者资产，对于研发原创性商品、引领趋势的商品效果很好。同时，私域平台丰富的运营手段，还可以在品牌与忠诚度很高的消费者（种子用户）之间有效地构建起互动渠道，传递品牌商品中领先的科技元素、文化内涵。

对于李宁接下来的全域布局，冯晔认为，李宁取得了很好的开局，线上线下融合的壁垒相对来说很小，当前也有非常好的机会窗口，因此，未来两三年，"希望在直营门店之外，李宁的所有地面门店，包括经销商的店，都能接入分渠道运营体系和 O2O（从线上到线下），实现全域流通"。

"长远来看，运动产业本身是一个非常大的市场，而国人在运动领域的投入和对国产品牌的认可度也越来越高，这些对李宁来说都是机遇。它未来要做的就是不断进行业务升级、加大商品技术投入，提升数字化能力，从而抓住时代的机遇。而构建以私域为核心的全域经营阵地，是其中不可或缺的一环。"冯晔说。

在这个过程中，全域经营的生态建设非常重要，无论是基础平台，还是第三方合作伙伴、产业链上下游，乃至竞争对手，都可以推动行业的发展和进步。冯晔认为，"一个好的生态，既有相互的流通和包容，也会有一些合理的竞争。这样的话其实能促进整个生态体系持续性的成长，各方在自我管理上也就有非常强的认知"。

"当然，最终从品牌角度来说，我们还是希望做到两点，一是有能力引领消费者趋势，二是有能力真正让消费者喜欢、喜爱。"冯晔说。

- 小结 -

如何有效借力腾讯平台做好小程序全域运营？

包括私域在内的精细化运营依赖数字化工具的助力，而后者往往是品牌的薄弱环节。自布局以来，李宁便在数字化工具方面与腾讯智慧零售建立了深入合作。

李宁对于数字化工具合作伙伴的选择主要有两大标准：一是技术与服务能力，李宁的会员数量大、活动多，需要强有力的技术架构做支撑，解决高并发、灵活配置的问题，同时还要能时刻确保系统运行维护的稳定性；二是服饰行业的运营经验，要能充分了解李宁的业务现状和行业玩法，从运营角度给出建议，共创解决方案。

在流量侧，通过腾讯广告的投放优化工具，李宁有效提升了投放效率。广告投放前，李宁通过腾讯有数对小程序用户画像进行研究，分析潜在购买人群的具体特征，并将这些洞察结果应用于商品广告的决策，以商品特征匹配最可能购买它的潜在客户。投放过程中，李宁还会通过腾讯有数对转化数据进行分析，持续优化前端投放。同时商品广告可支持用户点击商品一键购买，直接带动了销售快速增长。在此基础上，李宁精益求精，借助智慧零售 ADS（广告解决方案），进一步优化人群投放，持续提升 ROI（投资回报率）。

更重要的是，李宁引入了腾讯智慧零售的一体化全域智能营销云产品腾讯云 Mall，通过营销一体化和智能化两大维度的能力升级，做好全域用户、全生命周期的精细化运营。

依托于腾讯云 Mall 的底层能力支持，李宁还推出了新品预售特卖、尖货发售、门店一对一抽签等创新营销玩法，把限量款球鞋等明星产品放在小程序首发，消费者可以在小程序上预约，再通过小程序或到门店购买，促进品牌口碑裂变扩散，进一步促进用户到线下门店消费。

2023 年到 2024 年，通过微信生态进行线上线下联动经营，李宁拉动线下到店的消费者占比提升了 120%。2024 年以来，其微信生态的新品销售占比超 50%，探索出了一条品牌官网电商的新路径，带动了李宁全域生意的增长。

不仅如此，腾讯云 Mall 为李宁提供技术支持，为用户提供了便捷、高效、稳定的线上购物环境，为每次尖货发售活动保驾护航。李宁还基于自身会员数据和腾讯海量数据及标签，构建千人千面推荐算法，精准定位小程序适合接入的选品推荐场景，精准推送产品和活动信息，有效提升小程序转化，推动商品线上购买转化率提升 50%。

李宁的成功，是微信生态在用户连接、社交裂变、私域运营等方面优势的一次集中展示，也是一个极致的典型案例。通过小程序、企业微信等数字化工具，越来越多的企业客户能够更有效地吸引和激活用户，提升品牌忠诚度，将私域流量转化为实实在在的销售业绩。如今，微信生态正在帮助更多企业客户打造增长第二曲线，实现数字化时代的弯道超车。

浔兴拉链：
产业龙头的嗅觉与持续变革

"现在最大的挑战是小单快反，客户需求倒逼着我们走。"浔兴拉链 CIO 林宇说。2022 年，诞生于福建晋江的浔兴拉链正值"而立"之年，却早早地给自己贴上了"中年危机"的标签，将自己置身于持续变革的"浪潮之巅"。

实际上，浔兴拉链早已经跻身全球顶级拉链供应商之列，2022 年销售额突破 22 亿元人民币，不仅是安踏、特步、361 度、鸿星尔克、七匹狼等知名品牌的顶级供应商，还在当年 6 月成功登上神舟十四号载人飞船，为宇航员舱内压力服提供拉链，在此之前，获得"走出地球"机会的同行，只有 YKK。

YKK 一直是浔兴拉链对标的偶像。1950 年成立的 YKK，早在浔兴拉链创立前就在持续构建行业标准化体系，到 20 世纪 90 年代，YKK 推动的高度标准化模式，形成了"成本"和"质量"的双重壁垒，并依托由此延伸出来的规模化，稳稳吃定了中高端客户市场。

改革开放之后兴起的中国制造业企业，都面临着与浔兴拉链同样的难题——起步晚、底子薄，龙头企业"护城河"已经很深，冲破壁垒的唯一方法，就是依靠"非标"。这就意味着商业模式上，"不是我做什么，客户就买什么，而是客户要什么，我就做什么"。这种做法，可谓改革开放之后，尤其是加入WTO之后20余年时间里，中国制造业企业崛起、高速发展的核心动力。

也正是凭借这个模式，浔兴拉链在YKK的挤压下，不但没有被打死，反而持续成长，并且在全球范围内持续与YKK"虎口夺食"、直接竞争。不过，"非标"并不是好的商业模式，或者说，至少不是轻松的商业模式。

"非标"意味着无法规模化，做管理、做标准，进而降低成本、提高质量，都非常难。但是，公司一旦发展到中大规模，订单量、客户量持续增加，再像小作坊那样进行管理，结果就会是组织臃肿、损耗无处不在。对浔兴拉链来说，问题非常直接："最高峰的时候，浔兴拉链有6000多人，但那时候的产能也才做到6亿元左右，如果再不解决标准化的问题，我们就没有办法往前走了。"

这种情况下，无论是内部诉求，还是外部形势，都不容耽搁了，必须通过各种手段推动解决标准化问题，包括产品、订单、库存、物流管理等。由此，自2006年上市之后，浔兴拉链先后招聘了四任CIO，找第三方服务商，采购信息化解决方案、升级ERP系统，风风火火干了十几年，到林宇（第五任CIO）来的时候，他发现依旧达不到内外部的期待。

如果只是这样，问题可能并不难解决。长期在中国铝业从事信息化工作的林宇，熟谙信息化体系构建之道，认为解决浔兴拉链面临的问题并非难事。到了之后，林宇才发现，形势远比外面看起来复杂：随着移动互联网、数字化全面兴起，用户主导的局面已经出现，整个服装产业链已经兴起了"小单快反"模式，浔兴拉链的客户也不得不随之改变。

这也意味着,浔兴拉链还没能构建起全面标准化、体系化,就遭遇了"小单快反"的产业变革,"三十而立"变成了"中年危机"。

"小单快反"推动的数字化升级:最下沉、最接地气的数字化如何做?

福建晋江,面积不到厦门一半,却是中国最知名的县级市之一。作为中国鞋服产业重镇,晋江的鞋服产业年产值近3000亿元。中国最大的拉链生产企业浔兴拉链就诞生于此,它每年生产十几亿条拉链,依靠几毛、几元的单价,实现了20多亿元的年销售额!

很难想象,拉链这样一个生活中最常见的"玩意儿",却经历了近130年的演变,而一条平平无奇的尼龙拉链,至少要由尼龙布、链牙、链牙底部的插鞘、插鞘要进入的方块、拉链上端固定拉头的上止、拉头、拉头锁、拉片等十几个模块组成,一百多道工序才能完成。浔兴拉链的几千名工人从一根尼龙线开始,通过纺织、精密模具、金属和塑料冲压铸件等一系列工序,在高度分工及高精细度和精密复杂的配合之下,制造出享誉全球的"中国拉链"。

然而,这些工人可能并没有意识到危机正在悄悄逼近,而且这一轮危机并非出于工艺是否精湛、工作是否勤劳,而是源于整个行业的变化:"小单快反"已经成了行业趋势。

"原来一个车间可能就几十个客户、几十个订单,一个订单就是几十万条,现在呢,一个订单可能只有几百条。"林宇说。以前比较好的时候,模式简单,每个季度都会在晋江或者全国其他地方召开产品订货会,一次订货就是几十万条拉链,然后生产、铺货、发到门店，但是现在订货会没了，客户数量变成了将近一万家，客户需要根据自己拿到的订单来下拉链的订单，所以我们的订单多到数不清，但很多订单可能只有几百条，车间也必须按单服务。

不仅订单数量变化，下单方式也发生了巨大改变。原来的模式下，客户往往一个月或者两三周下一批，一批就是几十万条，现在变成了"炒股票"一样，客户根据市场情况不停地"小单快跑"，随时都可能下单，一次几百条。这个过程中，客户需求还可能频繁变化。

"客户也没办法，他们也要不停地去跑、去找订单。可以预料，未来这个行业就是这样了。"林宇说，跟希音的合作，真正让他们领教了"小单快反"模式的大势所趋，这也大大加重了改革的痛苦程度，倒逼他们的诸多体系加速变革，"我们这种传统的产业，所有过程都是靠人，你看车间里，密密麻麻的都是人，各个工序组成的小组，要怎么才能整合好，整合不好的话，越管越出问题"。

对外界来说，"小单快反"可能只是个时间的变化，但对服装供应链上的每一个节点来说，都意味着整个流程和体系的再造，浔兴拉链作为节点之一，早早地就开始面对这个难题了。

"从原材料采购环节，到生产环节、计划环节、仓储物流环节，整个体系都要进行调整。"这种调整并非停留在纸面上的字，或者会议上的文件，而是实实在在地波及每个一线工人的工作方式，以及每个设备的参数调整节奏、每个模具的制造和更换频次：从备货计划到排产，一个班一天要生产几十个不同的订单，生产线的快速切换、前后工序的衔接、采购备料的协同都被急速放大，人、机、料、法等环环相扣，一环都不能出错。

对工人来讲，原来的模式下，生产环节基本上是一模一样的，因此，在视觉上、操作上、质量检测上，都会比较简单。但是新的模式下，各种小单子对颜色、质量、设备的要求都不一样，颜色都可能有很多种，工人在生产过程中，可能要频繁更换模具、调整设备参数，难度和压力大大增加，管理上的质量管控难度也大大提高了。

这还只是一方面，"小单快反"模式下，交货时间也大大缩短了。目前，整个拉链行业的平均交付周期已经压缩到了7～10天，极致情况下3～5天，这中间包括采购备货、生产（一百多道工序）、仓储物流，任何一个环节的配合没做好，就可能无法响应客户需求，订单就会流失。

"如果说你的公司一般，没有很好的基础，那你的公司可能就崩溃了。所以这几年中小厂为什么关闭的这么多，就是它们跟不上。"林宇说。产业模式变革导致的变化千头万绪，数字化升级，从"接单"开始。

"传统企业通常是靠人工去维护订单，包括分单、下单到计划。小单模式下，客户量接近一万个，单量更是像股票订单，高峰期订单密密麻麻的，几十、上百号人都搞不定，这个成本和效率都无法支撑，所以，必须有IT集成的订单系统承接，不然的话，连接订单这个动作都无法高效完成。"林宇说。基于IT集成系统，现在客户下单，完全省掉中间环节，直接到生产计划里，下单、计划自动就完成了。

另一个典型问题是质量检测。拉链厂的质量检测分为两部分，一部分是现场检测，由质量人员做巡检、终检；另一部分则需要到实验室里面去检测产品的固性（耐性）跟碳性（韧性）。

这中间就会涉及检测标准、不同的设备、不同的环节等问题。

例如，欧美有欧标、美标，中国有国标，不仅如此，很多企业还有自己的标准。每个标准体系中，还会涉及诸多检测环节，比如水洗和盐雾测试、化学环保测试，以及单牙移位（拉链上面单独的牙移动的位置范畴），等等。

原来的模式下，靠人工去检验，根据客户订单去做固性、抗性或者化学检验的检测，还得去翻资料，因为有的标准涉及这几项参数，有些标准则要求达到那几项要求，普通人的大脑根本不可能记住那么多的检测标准。

"上次我们搞水洗的标准，结果发现，欧洲、美国用的洗衣机搞了不同的标准，我们只好用他们常用的洗衣机在那洗。"林宇说。按照不同标准体系以及一百多个环节拆分下来，两相结合，抛开共性的问题，又是一百多种。

这种情况下，别说让质检人员记住了，就算让他们翻资料都找不过来。也就是说，对拉链企业来说，如果客户量小，质量检测问题还不算复杂，但是当客户有几千甚至上万家的时候，检测问题就非常复杂了，借助数字化技术也就十分必要。

"我们通过数字化能力，首先把全部标准进行数字建模，然后把里面所有的环节打通，涉及哪些标准、需要什么设备来做，全部数字化。"林宇采用了最下沉、最笨的办法进行数字化升级，将每个环节都数字化。

如此一来，每个送过来的检测样本，里面都有一个条码，只需要用机器扫一下，就会自动关联这个客户需要的检测标准，每一个检测环节、具体数值应该是多少，等等，检测人员在设备上都能看见，换句话说，哪怕他闭着眼睛输入都行。

检测完成之后，结果全部显示在整体看板上，包括当前检测的复核情况。如果需要复核的单量太多、排队太长，系统就会提醒后面其他订单的人缓一缓再送过来，避免白跑一趟，做无用功。目前，这个系统还推出了移动端，检测人员在设备上操作完之后，移动端会反馈结果给他，是好是坏一目了然。

浔兴拉链检测系统移动客户端

同时，这套系统，还可以对经常出现的问题进行分析，比如，固性、抗性、化学环保等方面问题如果持续出现，可能是设备出现问题了，系统会提醒相关人员进行相应的设备检测，解决人工无法发现的问题，提高产品品质。

相比已经成熟的这几个模块，目前最困扰林宇的是仓储物流系统。"我们的客户中，将近30%是海外客户，因为很多客户要得很急，所以不得不用空运交付。今年（2022年）空运的运费可能都要接近1000万。"此前一直采用社会化物流的模式，未来跟前端数据打通、缩短交货时间，都离不开数字化系统支撑，但是到底怎么做，他们还在思考。

"未来很清晰，我们必须不断转向服务 C 端（消费者端）那样高度自动化、智能化的模式。产品需求越来越细、订单越来越细，出货频率越来越快，交付的周期也越来越短，比如，动辄是 T+3，今天下单，加个三天就要交货"，林宇说，传统的模式，无论是响应能力还是解决方案，根本不可能适应未来的情况，所以数字化需要持续迭代，"太多的东西要考虑数字化升级了，没有这些东西，根本无法匹配'小单快跑'"。

IT 化变革的"三大难点"：支撑整个生产体系的变革

一方面是建设标准化体系，另一方面是"小单快反"变革，两个看似矛盾、相反的问题，却统一到了信息化、数字化这一个路径上。由此，车间经验与数字化技术的有机结合就至关重要了，在浔兴拉链，这表现为林宇与几个关键部门的管理者的有机协作。

位于晋江泉州工业区浔兴拉链老厂房二楼的尼龙注塑车间和尼龙拉链成品车间，每天能生产 50 万条拉链。从四川来的车间经理冯大江已在这里工作了 30 年，熟知这里的每一道工序。

一个车间的管理千头万绪，在这里，一批订单的全生命周期、每个流程节点都离不开冯大江。从接到订单开始，他就要确认生产工期、下单排产、跟进进度，一旦进度"掉队"，就需要排查问题、及时修复；机器出现故障，要及时联系机修工不让产能停下；工人出勤、请假等行政事务也通通由他处理。

2018 年，林宇从国企辞职，到浔兴拉链担任 CIO，职业生涯从铝业、黄金到拉链，基本是在与信息化系统、数字化打交道。他对自己与团队的定位是业务的"管理顾问"——用管理的思维设计与打造企业的数字化系统。

近几年，林宇的团队一直与冯大江紧密合作。现在，冯大江通过企业微信就能对车间进行全维度管理，包括产品生产全流程的追踪、质量检测情况、机器设备状态，甚至员工的出勤与假单。

过去，冯大江每天需要打数十个电话，批数百张单据。如今，冯大江每天上班的第一件事，就是将流程审批在手机上完成，而不用再面对大量纸质单据；群工作的方式，帮助他过滤了大部分电话；生产过程中，一旦发生进度、设备异常，他也会收到系统的提醒。同时，冯大江的车间有大量50多岁、从20世纪90年代就在浔兴拉链工作的工人，过去，他们只有月底才会在工资条上看到自己当月的工资，现在，他们每天都可以在手机上查询自己的计件，这是当月工资沉甸甸的证明，图个心安。

在工厂外的00后业务员，也因为一个小小的企业微信，工作方式得到了改变。

每一年，浔兴拉链有30%的产品要出口到超过70个国家，遇到加急单，还要走空运。2022年以来，航运成本同期上涨了至少20%，成本压力骤增。为保障航运报价的公平合理，浔兴拉链将8家空运承运商拉进了企业微信架构。当业务员有需求时，不用再像过去那样一家一家地给承运商打电话询问报价，他只需要直接发起订单，承运商"抢单"报价，价优者胜，既保障公平，也保证性价比。

"企业微信的思路很好，可以跟微信打通，嵌入企业需要的功能。我们就做了一下结合，不断把流程、看板等我们自己做的东西，放在这里面，这样大家通过手机，远程就能看到、操作、审批。"林宇说。从内部视角来看，信息化的布局和实施必须让大家用起来，所以他们慢慢地把各种功能都移植进了企业微信，让员工在这上面进行订单查询、质量查询、各种经营报表查询等，以及使用企业云盘等。

工人使用企业微信管理生产流程

另外一个变化是，制造业企业通常会认为设备才是资产，而随着数字化的持续演进，大家渐渐认可"数字资产"的概念，接受了需要把业务数据作为资产，所以，如何把合同、新的流程、技术资料有效在云端管控、保密，同时让员工很方便地查阅就成了关键。将云盘嵌入企业微信，同样是一个很好的解决方案。

可以说，企业微信就像一扇窗户、一扇门，或者一个场地，映射出了浔兴拉链持续进行的IT化、数字化变革：高效的协作模式、持续迭代的工作方式，都离不开基于 IT 化、数字化变革而生产出来的数字基础设施。

"我们的一些数字化改造都很个性化，没办法通过供应商来做，基本是靠我们自己去考虑、去研究。"林宇说。浔兴拉链的 IT 化变革，基本上跟业务紧密连在一起，在国内制造业领域是绝对走在前列的，比如"线上报工"，要求所有员工，不论做到哪个工序，都要扫一下流程卡上的二维码，再匹配扫自己的工号，实现作业的线上化。

"线上报工"系统推行之后，不仅产量、质量管理全部线上化，巡检、质量管控也都走线上体系。最终，所有的数据都会集中起来，看板系统每两个小时刷新一次。

这样做的好处很明显。首先，客户通常都很急切地想要了解自己订单的进度，哪个订单做到什么样了，如果没有这套系统，产线几十道工序，不到最后，很难统计出来订单的实时进度；其次，巡检系统线上化之后，可以持续嵌入一些算法系统，辅助质量检查人员，帮助他们更简单地去发现问题点。

当然，系统持续迭代下，还带来一个意料之外的好处，就是帮助解决跨部门交叉扯皮的问题。"有时候一个简单的质量问题卡在那里，原来纸质时代，大家都不知道问题到底出在哪里，线上化之后，问题很容易就明确了，可以更快地定位并解决。"林宇说。

"这个看板完全不是为了给外部参观用的，是真正地为了暴露问题、解决问题的。"冯大江说。看板建立起来之后，他们要求每个班主（各工序小组的负责人）每天来这里拍这个看板，不仅如此，还得在这里开部门会，现场来发现并解决问题，比如，交期是不是延误，设备有没有问题。通过现场会议直接调数字，把问题客观展现出来，并明确接下来如何解决。

工人使用企业微信

尽管依托企业微信这个窗口，大家能更方便、无缝地使用数字化系统，但林宇依旧认为，传统企业要做数字化升级，做好智能制造非常难，概括下来，设备、质量、自动化三个维度，都需要持续发力。

"我们整个车间有一万多台设备，如果其中一两台坏了，可能不是什么贵重的设备，平时看起来也不是很重要，但它们分布在最核心的生产环节上，有时候可能只是卡住了个线头，只是没有人发现、没有人维护，设备就不运转了，生产线也就全停了。这时候，如果有人过去处理一下，生产就可以恢复了。"林宇说。此前设备部门反馈了一个问题，就是晚上坏的设备比白天多很多，但是具体原因不清楚。

为此，他们设计了一套设备物料网系统，把设备的维修保养、设备的编号、设备的产能，比如，尼龙嵌入部的一个缝合机的各项信息等，一一编号、采集下来，再把这套系统嵌入企业微信。运行了一段时间之后，就发现这样不仅可以有效地提高运行效率，还能通过数据找到很多特异性问题的答案。

"为什么晚上设备坏得多？因为晚上坏了没有人去维护，或者说，其实设备并没有坏，只是某处卡住了，白天的时候，可能人动一下，设备就正常运转了，但是晚上没有人在现场，设备就停在那儿了。"林宇说。

有序运行的产线

除了设备，质量管控问题也困扰了林宇两三年，成了一个让他持续头疼的问题。

拉链生产除了机械化，有很多环节依旧要靠人工进行。"靠人做的时候，不稳定因素必然会存在，质量稳定性就会受到考验，所以我们要通过数字化来配套质量这方面的管理，应用到质量上面去做一些提升和改善。"林宇说。通过反馈回来的一些数据，发现四五百号人的车间整体质量都有问题。

这里其实又有两个问题，一方面是招聘到熟练工人的问题。

"过去总是有一些固化的思维，说大家多么勤奋勇敢，其实现在变化很大，招工普遍难，我们一线工人的年龄都在四五十岁甚至以上。"林宇说。因为工厂一定是封闭化管理的，可能一个月甚至半年都不让出去，流水线上更是不可能允许刷手机，年轻人就不爱从事这样的工作，他们希望自己有时间上上网，晚上下了班，能去商场、电影院逛逛，去公园转转，而工厂不可能允许这样子。

人难招、员工年纪偏大、流动性过高背后，还叠加了另一方面的问题，那就是现场质量检查必须靠人工用肉眼去看。这项工作更加考验员工的能力，费工夫且烦琐，加上质量人员流动性很强，很多人做一段时间就不做了，这个问题解决不好，就会影响整个订单的完成效率。

"目前，我们持续尝试基于线上化系统，嵌入很多质量模型算法，用一些辅助手段去帮助他们在质量的判定上加快发现问题点。"林宇说。

设备、质量之外，自动化问题同样很关键。

面对行业趋势、劳动力结构发生的巨大变化，浔兴拉链已经做出了一些变革，比如，引入一些跟行业特性相关的小型机器人，如A2机器人，但是，从目前情况来看，还不符合实际，也不能马上解决核心的问题。

"比如包装自动化，对我们来说就很难"，林宇说，行业里面都知道，包装自动化是"怕软不怕硬"的，太软的东西，很难进行自动化包装，拉链恰恰就很软。类似的问题还有很多。

未来怎么办？林宇一直在思考："我们这么传统的制造业，可能不能马上就应用起来，需要一个阶段、持续投入去做，但是，我们需要思考怎么分步骤、分阶段地去解决未来的问题。"

虽然未来很难，但是林宇依旧充满期待："我经常这样想，我们这一个工厂就有3000人，整个集团解决了五六千人的就业，这就是解决了数千个家庭的生活。这还不包括我们周边的几百个门店，以及上下游供应链的工人。"

"数字化让这些工序产能度量能够到人，环节协同靠流程推进，不能再靠班长站起来在车间大声吼。"几年下来，这是让林宇印象最深刻的改变，从产线、生产、质检，到出货、仓储物流，每一个环节都在考验柔性调配的基础能力。

"技术早已不是企业信息化的瓶颈"：关键是打通上下游生态与打通内部需求

"发展到今天，信息化技术本身已经不是传统企业的信息化升级、数字化升级的瓶颈了，因为这些企业不需要去做高精尖的算法，因此，除非做开创性的智能制造（如计算机视觉）、智能数据、全面自动化等，其他层面的需求，市场上的技术足够大家用了。"林宇说。从加盟浔兴拉链开始，他就意识到这个问题，所以他跟管理层讲，他整个团队的工作中，70%是与方案、沟通、实施相关的，真正用于开发的时间就是30%左右。

"可能我五年前的思路是，我自己会做CRM、SRM（供应商关系管理），原因很简单，那时候整个市场供应很不完善、很弱，管理、技术能力都有问题，但是现在，我们只聚焦基础的办公能力，

SaaS 这一层就交给合作伙伴去做。我们的生态伙伴，包括工厂内部，都可以开发应用，通过接口放上去，其实都可以用得很好。"林宇说。到了浔兴，经历了一线实践，他更多在思考产业的问题，比如说，现代大规模的自动化生产、服装行业整体 SaaS 在这个领域不一定是最适合的。

何谓产业的问题？就是解决上游、下游的高效整合，以及生态怎么才能协同起来。"我们这个行业真的是一个很聚焦的行业，所以很泛的问题根本没必要思考，而是必须深入进去，聚焦于产业问题本身。"林宇认为，这实际上与"小单快反"模式变革也是密切相关的。

打个比方来说，前文已经介绍过，很多客户要求 T+3，这就导致留给工厂的时间非常短，工厂需要准备半成品甚至成品的东西，并且通过大量信息化工具去辅助多方快速协同，包括怎么配货、配哪些货等。当然，更重要的还是数据打通，得有信息数据去支撑，不然就是瞎配，出了错必然导致成本上升、时间浪费。

因此，与前端品牌打通，从 C 端到门店，到品牌总部、采购、大数据部门，再到浔兴拉链的订单、采购、产线等内部工序，多方协作，最终产业链上下游才能准确知道什么好卖、怎么备料。当然，如果从整个服装产业链来说，这里面涉及的链路更多，比如，从门店到成衣的生产规划，再到成衣厂的生产、面料厂的生产、拉链厂的生产，整个产业协同可能会涉及几十个单位，过程中还有运输的管控。

"哪怕一件衣服都要协同起来。"这是目前整个行业都已经清晰认识到的问题。实际上，品牌商早已着手解决（见前文李宁案例），包括推进 DTC 模式，构建庞大的私域流量池，通过对经销商体系的统一管理，解决品牌与用户的直连，拿到一手的用户需求数据。

"比如说，最末端的导购在服务过程中获知用户对质量要求特别高，或者对新款需求很大，以及对某个具体品类如户外、网球等更有兴趣，这些数据是非常珍贵的资产，但是以前散落在经销商手里，发挥不了作用。"林宇说。通过一些数字化技术手段，以及适当的利益分配机制，大家构建起协同机制之后，品牌可以掌握终端消费者需求，并且根据这些需求倒推设计、生产、供应等环节。

在这方面，借助企业微信，林宇进行了很有效的尝试，比如，通过上下游多个企业的企业微信主体相互连接，包括将所有的用户（B端的企业）打通，形成一种生态，实现通讯录、应用和消费者三个层面的共享，以充分发挥产业协同的价值。

"首先是通讯录共享，大家根据内部管理要求设置不同的权限，比如我对你开放采购体系。"林宇说。以商业客户李宁为例，通讯录共享之后，浔兴拉链方可以跟李宁从品牌总部到最下游的经销商门店某一个人直接联系，获取一手的需求，而以前要想做到这一点，需要先联系大区，再一级一级去找。

在通讯录共享的基础上，应用共享就顺理成章了。比如采购系统，过去只能是先把采购需求报给业务员，业务员再在自己的系统里输入。共享之后就很简单，比如用个小程序，将系统放在工作台上，两个主体都可以看到，客户想要采购，直接进入系统输入即可，因为大家都是一个系统，下游就完全不用操作了。

"理论上，所有商业层面的应用都是可以共享的。"林宇认为。

当然，最难也最深层，而且面对未来最有用的，还是消费者的共享。"这个是更向前一步的，比如说，在设置一些权限后，把大家用企业微信添加的微信好友（末端消费者）进行共享，目的如前文所说，真正让整个产业链更快速地理解消费者需求。"林宇说。消费者共享其实不是说要抢消费者，各个企业可以设置不同权限来规避这个问题，一旦做到了这一点，包括智能预测等自然也就不是难题了。

除了上下游的协同，传统制造业信息化、数字化的另一个难题，其实是内部的"人情世故"：数字化也要考虑各个部门甚至个人的感受，不然很难推进下去。

"我们去蛮多企业看，IT负责人都是有很强的技术思维，却不适应整个体系，做了很多产品、项目，但都推行不下去。其实做技术的人不适合做信息化，他适合做信息化底层的技术。在制造业里面，要考虑的东西非常多，很多东西超出了技术本身。"林宇说，自己转型的一个感悟就是要"柔和"，很多企业的信息化做不起来，跟技术关系不大，更多是"人情世故"。这并非无底线地做，而是说解决问题时，需要深入、全面考虑技术以外更多维度的问题，包括什么问题先解决、先突破，怎么迂回来做，等等。

"比如，我推一个项目的进度，肯定不能只考虑我的技术实现能力，更不能拿到数据就耀武扬威地说'你们现在做得不好需要改进'，这样肯定落实不下去，即使有用，工厂也会说不好用。有了几次类似的情况，以后就没人搭理整个信息化部门了，大家'砰砰砰'就把这扇门都关上了，所以，我们都是很柔性地去解决这些问题。"林宇说。比如，解决质量问题的时候，尽量不去用数据约束他们，因为人家一定有人家的空间，最好的方式是渐进地通过一些管理层和高层，告诉员工我们要改善什么地方。

"我经常跟团队讲，我现在的角色就是一名销售，我经常不在位置上，基本上是在各个部门走动，拉拉单，看看兄弟们明年要做什么，我能提供什么帮助。"林宇说，不然部门30多人，没有协同、没有产出、没有突破，很难产生价值。

"拉链行业的数字化，我们应该是走在最前面的，目前，拉链行业的平均交付周期最优是7～10天，浔兴在新模式下最快3天。这几年，之所以那么多中小厂关闭，就是因为它们满足不了（柔性制造）需求。"林宇突破的地方，恰恰是中国服装产业链上千千万万个中小企业正在面临的难题。对中国千千万万个小服装从业者来说，从终端门店到成衣的生产规划，成衣厂、面料厂、拉链厂，还有仓储物流，一件衣服生产制造的整个产业链，每个环节都需要协同，都有诸多问题需要解决。

- 小结 -

浔兴拉链的"数字化"之路经历了五个阶段。

2006年上市之后，浔兴拉链引入信息化推动管理变革，由此开启了信息化之路。到2022年为止，其先后引入了五任CIO，可以说，整个信息化、数字化过程，也经历了五个阶段。

第一阶段，集中在IT硬件上的引入和更新。

第二阶段，引入模块化办公信息系统，从硬件向软件方面推动变革，对整个工厂管理做了较大的提升。

第三阶段，延续了前两个阶段的情况，但将从外部采购信息化系统，转变为以内部自行开发为主，凡是能自己做的都自己做。

第四阶段，推动大投入、大变革，引入第三方EPR推动内部信息化系统改造、升级，IT团队从6个人扩展到了17个人，投入将近2000万元。但最终的结果并没有达到预期，内外部的协调、产业链柔性调配仍不畅通。

2017年，公司对前四个阶段的信息化做了整体梳理，基本结论如下。

首先，此前的信息化都是偏向业务架构的，也就是说，只是解决一些业务问题。但是，浔兴拉链作为一个"非标"企业，标准化的底子非常薄，如果不从根本上解决这些问题，很难进一步推动管理优化。

其次，规划的理念很好，但是执行过程中，虽然供应商非常优秀，并且召集了最优秀的团队驻扎在工厂，但是公司的核心管理团队并没有把信息化、数字化与每个业务环节的联系透彻地分析清楚，因此前期评估不到位，规划跟实际开发脱节，无法评估乙方所规划的是否脱离现实。导致的结果是，前期规划了90个改善点，一个都没有落实。

最后，系统运行不畅之后，切换到乙方最新、最贵的平台，公司希望能在新平台上做新流程体系的改革。但是，乙方系统并没有做出本质改变，而是把旧平台的所有流程复制了一遍，变成了用新平台做旧流程的事情，导致两边出现了诸多争论、扯皮的情况。

在前四个阶段的基础上，2018年林宇担任CIO，浔兴拉链开启了数字化的第五个阶段。

智衣链：

数字化解决"生产一件"的难题

2009年，在广州动漫星城从事服装业的钟凌云，碰到了一个奇怪的"玩家"，他不做传统的大单，专门找小单做，比如情侣装、纪念服、歌迷粉丝会服装。

这个玩家接了港星陈百强纪念会服装订单，一共不到200件。那时候，电商也不是很发达，他在网上找了两三个月，没有工厂愿意接，原因很简单：一方面，服装开版费很高；另一方面，100多件衣服，一卷布料不够，两卷布料又用不完。

这么算下来，这个订单成本很高，工厂一旦接下来，基本就是亏钱。这个玩家绝望之下，搞了台数码机，做好准备要一件一件地去做⋯⋯就在这时，他找到了钟凌云。钟凌云说："我可以帮你尝试做一下。"

正是这句话，开启了钟凌云从"制衣链"到"智衣链"的漫漫征途。

"小订单"模式的隐秘路径：工业生产如何满足个性化需求？

"那时候，我刚开始做这个。"从华东理工大学毕业后一直做城市平安系统集成的钟凌云，显然低估了这个模式的难度，上来给客户做了8批，但是都不成，不得已之下，钟凌云把自己的所有积蓄，包括信用卡套现全投进去，做这些东西，在天河开了个几百平方米的工厂，直到做到第9批才成功。

"后来我们给他的价格还是很合理的，他就觉得可以长期跟我们合作。"客户搞定了订单，口碑打出去之后，很多人知道他可以做小订单，找过去的人络绎不绝，客户也就确定下来跟钟凌云长期合作。

"他忙不过来，就直接把客户推给我，后来我这边的客户越来越多，小订单也越来越多。"这让钟凌云很兴奋，毅然决定做小订单，但是，当时所有人，包括他家里人都反对。

面对"小订单"这个空白市场，钟凌云深思了很久。

服装业传统的经营模式是"以产定销"，有了订单以后，再组织生产和销售，"小订单"模式显然彻底颠覆了这种产业逻辑，变成了"以销定产"。这种变化到底是昙花一现还是必然趋势，以及到底有没有可能实现，站在2010年的时间点上，一切都是未知数。

在钟凌云看来，服装生产是一项复杂的工作。一方面，生产会涉及衣扣、布料、拉链等多家供应商，按照传统的生产协作模式，企业间通过人手用纸笔、电话、邮件等方式记录、沟通进度，一旦订单多，信息传递不但不够及时，甚至会产生差错，从而导致无法按时生产和交付；另一方面，不管是品牌商还是传统电商企业，由于内部的管理模式、制版和采购流程，都很难适应这种变化。

而"小单快反"的模式，基于快速反应的供应链，以小批量首单先上架，再追加返单的形式，将一件衣服从设计到上架的时间大大缩短。因此，这个模式空间很大、前景很好，未来预期也很好。

"类似于学校做班服之类的，每个班级都有其个性化需求，体现班级的不同文化，个性化、时尚化越来越强，还有情侣装，或者家里有五六个人，要五六件衣服，这个时候市场就形成了，小订单、几十件就是趋势了。"钟凌云说。

不仅如此，钟凌云还发现了这个模式的一个独有特点，那就是客户黏性非常强："客户越来越多，黏性越来越强，客户找了你，基本上不会跑掉。为什么呢？很简单，他没办法去找第二家工厂给他做配合。"

正是这种黏性，让钟凌云投了20万元建了第一个工厂，在随后几年里，陆陆续续又建了三个工厂。其中，第二个工厂加设备就投了50万～60万元，第三个投了三四百万元，到第四个工厂，直接就投入了1000多万元。

但是，难题并非出在需求侧，而是出在供给侧。大工业生产的供给模式，遭遇的问题必然是"千篇一律""单调乏味"，产业链各个环节都有成熟的套路和模式，想要改变，不啻再造。

服装产业链是其中的典型。自十余年前接明星粉丝单之后，钟凌云就一直在思考这种违背服装产业链模式的需求会如何变化，产业在技术层面又该如何顺应这些变化。

"如果有人做五六十件衣服，成本上根本不划算，拿一卷布，就太浪费了，会剩下很多；同时，五六十件也要打版，很多工厂不愿意去做，这成了行业的一个很大痛点。"钟凌云说。他对问题的思考其实远不止"个性化订单"的维度，而是站在整个产业链和需求侧之间的错位来思考。

这种错位表现在两个方面。

首先是需求感知与行业复杂度上的错位。服装产业链条的整个流程太过复杂，大部分的前端设计师、普通人，就算想要深入接触服装行业，了解整个链路，也很难真正弄懂里面各个环节的情况，更别说做好沟通、交流以及品质管理了。

其次是需求越来越趋于简单直接，但是行业发展难以有效匹配。十年前，用户对于小订单的需求刚兴起，但是需求个性化程度、迫切度，都不像现在这样，从下订单到拿货一般会留一周多时间。发展到今天，用户个性化越来越强，情侣装可能就两件，或者家里有五六个人，以及宿舍里三四个人，需要五六件或者三四件衣服；同时，需求的满足时间越来越短，往往两三天，甚至第二天就要拿货。

"很多人订之前甚至都没有意识到，这件事情背后牵扯到了工厂里面复杂的柔性制造，以及整个产业链数百个环节需要有机联动等问题，他们只会想到，我们订一身统一的衣服出去玩。"钟凌云说。

实际上，如果不是这两个错位，品牌商、传统电商并非不足以满足个性化订单需求。然而，这两个错位正是品牌商、传统电商很难解决的问题。

"我们也跟一些品牌、大型企业交流过，即使他们老板意识到了问题，也想要解决这个问题，也往往会存在一些情况，导致他们没法解决。"钟凌云说。首先，管理团队会认为，这种做法等于是取代了企业内部大量管理职能，导致供应链管理团队、企业管理团队几百上千号人失业，因此肯定不会同意；其次，如果采购一站式解决了，同样也是几十上百号人会失业。

这倒让自认"没有做过服装""是个外行"的钟凌云，感受到了不一样的"商机"。"我觉得可以简单化，搭建出买卖一样的交易流程，比如说，我交给你，你全给我搞好就可以了。这种模式一旦建立，流程就很简单，类似于销售商，只需要服务好消费者，不需要再去管后面的生产模式，生产模式由工厂去负责就行。"

基于这种思考，在广州番禺，钟凌云的"智衣链"工厂引入大规模自动化机械、人工智能技术、工业自动化软件，通过企业微信将重要环节的数字化系统与产业链上下游连接起来，让数字赋能传统制造业在现实中发挥新效能。

不过，不管是品牌服装厂商，还是传统服装工厂，都很难一下接受这个东西。

"我们一个客户工厂有几千人，就离希音不远。希音刚起步的时候就找到他，希望下单1～200件。"钟凌云说。他这个客户工厂一看，这么小的订单，开版等各种工序都很费时费力费钱，加上价格又低，所以压根都没搭理希音，看不起希音，觉得希音不可能有市场，直接回复说"我不想跟你合作"。

希音做成功之后，整合了整个广州市场70%～80%的成衣加工厂。很多成衣加工厂10%～20%的产能服务于希音，如果算上其他类似的品牌，占比更大，这对产业造成了巨大的震撼。

"服装行业的趋势已经变成了'小单快反'，一个季度就要做几千个款，一个款可能只做几十件。"这导致很多人，包括上面这家工厂都改变了想法，也改变了思维模式，对钟凌云来说，这显然是个好消息。

"我们这种模式，肯定也是做到一定规模之后，才能去带动传统的中小型商家或者卖家,让工厂转变思维。"钟凌云说,只有智衣链规模化了、壮大了,那些企业才会想方设法去实现"小单快反",通过智衣链平台一站式地做零库存。

数字化"一体工厂":从一站式解决需求到更快解决需求

在钟凌云看来,随着 Z 世代崛起,用户需求与产业链之间的错位必然越来越大,对交付时间、产品质量的需求是无止境的,这将成为小订单模式的核心竞争要素。因此,一站式解决了小单需求之后,钟凌云的研究重点转向了怎么更快解决需求。

迎面而来的第一个问题,就是生产技术如何适应小订单模式。

按照传统的模式,工厂为了保证供货,需要大量备货,例如,一本布的册子,几十个颜色,都要备现货,库存量和成本都非常高。同时,由于不同颜色、花色的布畅销程度不一,往往不是每个颜色或花色都能很快卖出去,这就进一步加剧了库存问题。

由此衍生的另一个问题是不同批次的布存在色差。传统手工的印染工艺,一缸一缸来调色、印刷,没办法做到非常精准,行业里把这称为"缸差"。导致的结果是,即使工厂有库存布料,但是如果一个订单刚好用完了这一批布料,需要增加订货,新来的布料可能会存在色差。

"以前有个学校的客户,找我们订了 30 条布的货。因为这种布很少,我们只有 20 条,那还有 10 条要订。我们订完拿到货一看,色差非常大,客户根本接受不了。"钟凌云说。以往这个问题的解决方案就是要有足够多的库存,但这显然又会导致更长的库存周期。

"因为每个布的颜色有很多,不得不把每个颜色都备好,这就延长了时间周期。同时,某个颜色的布料,到这里要一个星期甚至十几天,这个时间就很长了,再到做衣服,还要印花,时间又加长了。"钟凌云说。

此外,服装设计出来之后,哪怕需求量只是几件、几十件,也同样需要丝印、开版,成本也会进一步提高。

最初,钟凌云的工厂也是采用这个模式生产。2019年开始,数字管理技术和数码印花技术日趋成熟,钟凌云敏锐地意识到这次变革的价值,于是迅速将此技术全面投入使用。

"通过数码印花技术,一种面料只要备白布就行了,需要不同的颜色、不同的图案,只要根据需求来做。如此一来,同一卷布就可以做很多的图案和不同的印花。"钟凌云说。不同的面料会有很多商家在做,对工厂来说,就可以节省时间、减少浪费、降低库存,相对来说,整体成本大大减少了。

"哪怕是做一件,都可以印成想要的颜色,实现'面料一体化'。"钟凌云说,包括面料、辅料、服装、家纺,做成"一体化"之后,通过数码印花方式,传统上的很多难题,很快就能得到解决,订单交付速度也会大大提高。

不过,这套技术中还有一些不太成熟的地方,需要持续去攻坚,比如墨水。"现在很多墨水技术不是太成熟,我们自己也在做研发;还有设备的智能化,我们也在跟几个学校,像广东职业技术学院、广东工业大学,合作研发,未来我们自己也会在这方面努力。"钟凌云说。

实际上,数字技术和设备方面的攻坚,对于解决第二个问题,也就是构建数字化一体工厂至关重要。

智衣链

　　对小订单客户来说，时间很重要，因此，他更需要掌握订单的实时情况，就像快递一样，在网上买一件东西，什么时候能收到货，其间货物走到哪儿了，清晰透明，才能缓解客户的焦虑。

　　这对工厂的生产和供应链管理提出了更高的要求，数字化自然也就从这两方面入手。不过，横亘在现实与理想目标之间的问题不少，其中存在工具问题，也有人的认知水平问题。"数字化管理工具，很多都太复杂了，管理者、员工都没办法快速学会，怎么可能用起来呢？"钟凌云说道。

　　比如说，生产有专门的生产管理软件，财务有财务软件，互相不通；不仅如此，很多软件开发人员没有下过工厂，设计出的流程、界面都不实用，还要求每个员工都下载个App。但是，车工等普通工人文化程度普遍不高，让他们用新的App，就要教他们下载、熟练用起来，这显然是非常复杂的过程，最少也要3～5天。对一个普通员工来说，这显然太复杂了。更别说，如果员工流失、重新招聘，整个培训过程又要重新来一遍。

"我听说某个集团花了几百万美元采购软件，最后没人会用。为什么？软件是全英文的，基层员工都不懂英文，根本不人性化。"这导致了一种情况，很多企业买了一套软件，用了一段时间，感觉太复杂了，又要换另外一套软件；换了以后，发现又不是自己想要的，只能是换来换去，最后数字化也走到死胡同。

在钟凌云看来，工具的问题和人员认知能力，本质是一体两面的，需要循序渐进去解决，"工具要足够简单，让外行都能快速上手，1分钟甚至几秒钟就能用起来才行。做生意要越做越容易才行，如果越做越复杂，市场怎么可能做得起来？像服装工厂，现在主要是70后在做，因为只有70后才全面、详细地懂那么复杂的工艺，80后都比较少，那90后、00后这个市场必然会慢慢流失掉"。

"所以，我们将很多东西直接放到企业微信上，把生产、财务系统打通，一目了然。我们的软件也都是最简单、最人性化的。"钟凌云说，企业微信跟微信是一样的，员工就很愿意接受这个东西。通过企业微信扫个二维码，就知道整个管理、过程、流程，对他们来说就很简单。

"数字化管理之后，一方面，我们知道员工在做某一件事情时出现了什么问题，管理上可以及时回应；另一方面，我们还能及时发现差错、浪费，这就可以大大降低损耗，提高效益。"钟凌云说。

举例来说，以前的生产模式下，员工做一批衣服就需要记一下，记完还要跟财务核对，最终，一天下来，自己要算清楚自己做了多少件衣服，这就浪费了很多时间，也很麻烦。数字化之后，每做一件衣服都会直接产生效益，压根不需要手动记录了，这大大提高了员工的积极性。

同时，以前的模式下，客户下单的需求多种多样，比如，今天做T恤、明天做风衣、后天做连衣裙，经常是在做不同的东西，每次都要重新熟悉，导致效率低下，质量也很难保证一致性。数字化管理之后，可以优化工作分配，让员工发挥特长，持续做一类工作。

"天天做一件事情，自然会很熟练，相对来说，他们工资更高，产出质量也更好，效率也持续提升。"钟凌云说。如果说，以前慢慢地做，只能达到1的效率，天天做一件事情之后，就能达到3的效率，质量也会成倍提高。

智衣链企业微信产业链上下游沟通界面1

按照钟凌云测算，数字化管理提高了 35%～45% 的运营效率，同时，还能减少 70%～80% 的出错率，不过，这只是起步，"未来的工厂是怎么样的呢？按照现在的模式，做一个工厂，你必须懂技术，懂服装工艺，你才能做。未来 90 后、00 后不懂这些，那该怎么做？我们还需要解决更多问题"。

首先，服装产业链需要持续数字化整合，将所有的工艺都压缩，比如说，别的工艺都解决之后，你就只要做车缝，"做车缝就比较简单了，你只要招一些工人，买一些缝纫机就可以了"。

"一般的中小型工厂没办法数字化，这个投入很大，那我们可以免费帮助他做数字化改造，比如车缝的数字化。"钟凌云说。数字化改造之后，这个负责人什么都不需要做，甚至不需要下载 App，通过企业微信就可以连接到数字化平台，扫一下二维码，就可以管理工厂、给员工做计件工资，各种数据都一目了然。

而且，企业微信有微信一样的操作体验，也是一个在线沟通、协作、办公应用集成平台，降低了普通员工的使用门槛；同时，企业微信有个好处，员工离职了，软件上面跟他相关的所有工作场景都不会受到影响，包括接订单。

打个比方来说，如果上一个员工接到了订单，那这个订单协作就会留存在这个 App 上，哪怕是这个员工换了工作，由下一个员工接替，后者也可以继续使用企业微信跟进这个订单，或者这个订单相关的下游供应商和下游工厂，不需要更改。

其次，未来需要更加智能化。例如，某个工厂做某一类型的服装，传统模式需要裁床、打版人员，这些人才需要持续养在厂子里，成本很高，同时，老板还要什么都懂，不然会被骗。

数字化、平台化之后，很多东西实现了模板化、标准化，自动处理好了，比如，你做 T 恤，就专门有 T 恤的模板和标准，就像现在的一些湘菜连锁店，它都有中央厨房，各个店都是一样的口味，不需要再用厨师了，菜热一下就到了餐桌上。

"这样持续迭代，整个平台还会逐步实现智能化。"钟凌云说。

然而，这里涉及另一个更大的命题——数字化"一体工厂"到数字化"供应链协同和管理"，而这才是小订单最终的理想化目标：生产一件。

解决"生产一件"的难题：如何做到从"制衣链"到"智衣链"？

"目前来说，整个行业的工厂生产模式还是非常传统的，比如说，做 T 恤的就做 T 恤，印花要找另外的厂，辅料、布料都是临时定的，这会导致周转时间过长、成本过高、库存过大等问题，没办法快速适应'快反'的需求。"钟凌云说。

据了解，按照传统的生产模式，服装行业从整体设计到出街的时间，最少需要两个月。一些行业内的大服装品牌商，生产周期最少 2～3 个月，长的都需要 6 个月，基本节奏是上半年的货是前一年的下半年生产的，下半年的货上半年生产，所以，周期、资金周转和库存压力都很大。

相比之下，ZARA 通过持续精益管理，将这个时间缩短到 15 天，迅速取得了颠覆性的成功。但是，15 天依旧太长了，直播带货、小订单等需求侧的持续变化，将时间要求改成了以"天"甚至"小时"为单位。

"一开始，只是想通过我们自己的工厂解决，因为每天的业务量在增长,所以,我们已经第四次扩厂了,一天能做到几万件,最高峰时生产10万件,但后来我意识到,扩张始终有天花板,忙的时候依旧忙不过来。怎么打破这个天花板?我一直在思考这个问题。"在钟凌云看来,最终要想实现时尚个性化的超越,提高"快反"效率,从"数字化一体工厂"升级到"数字化供应链协同"必不可少。

这也是钟凌云为"智衣链"设计的最终模式:目前,行业中大量中小型工厂产能处于闲置状态,工人也有很多空余时间,如果能够根据风格调性对各个工厂做区分,比如做高端的、做T恤的或者做风衣的,然后通过数据分析,知道这家工厂每天的产量还有多少空余,据此智能发送订单,并要求第二天拿货,就能实现从"数字化一体工厂"到"数字化供应链协同"的巨大跨越。

然而,理想很丰满,现实很骨感。2020年开始,钟凌云尝试推动数字化,刚出发,就遭遇了诸多问题,摆在最前面的还不是什么特别复杂的数字化难题,而是各方交流极其不方便这种基础性问题。

"交流特别不方便,下面出错或者发现什么情况的话,还得通过电话来逐一沟通解决。"钟凌云说。以前的沟通模式很复杂,比如说,他这边看到下面订单出现了问题,首先要去问是哪个工厂,然后打电话给那边的员工,那边的员工接收到问题又要告诉厂长,厂长又要找这边,这边又要找供应商,最终结果是一个一个打电话,逐步上传,效率非常低。

"这种模式下,连订单协同都解决不了,更别说想要协同上下游上百个环节的厂家和商家了。"钟凌云说。企业微信的出现,让他眼前一亮,在企业微信里面就可以从上面看到下面,整个链条都能看得到，整体效率自然提高了。

"我们原来只能在 App 里交流，人家是没有办法去看我们的 App 的。但是，我们的 App 跟企业微信打通，用企业微信接口后，他们就能看到我们的 App 了，等于是从造船出海，变成了借船出海。"钟凌云说。

通过企业微信群，钟凌云接到并发布的每一个订单，都会形成一个群聊，涉及的所有相关负责人都在里面，如果出现问题，所有人都能及时同步沟通，节省大量时间，提高了协作效率，整个产业链上下游的协作能力实现了质的飞跃。不仅如此，为了进一步提高效率，整个协同过程，客户也能看到，方便他们及时了解订单的详细情况。

"目前，我们上游商家有 30 多家，下游的中小工厂有 40 来家，算上辅料、布料商 30 余家，全部加起来有 100 多家，之间形成了非常好的协作模式，出现问题了自动在系统里显示，比如到了哪个点有问题了，就会在系统中形成文字，大家直接交流、解决。"钟凌云说。

当然，解决沟通问题，只是整个数字化产业链协同的第一步。为了推进管理系统标准化、统一化，钟凌云将自己研发的数字化系统跟企业微信对接，让企业微信不仅发挥管理沟通的功能，还协助上下游的合作。

"我们的系统在企业微信里穿透了，穿透之后，你只要下载企业微信，对接上我们公司，就可以跟我们的直接打通，你在企业微信里面就可以看到我们公司的供应链管理。"钟凌云说。企业微信还有一个好处，因为每个工厂的员工上班、下班打卡记录都在里面，上下游可以根据员工打卡记录，了解工厂每天的产能有多少。

智衣链企业微信产业链上下游沟通界面2

"现在的我们，以云工厂的模式打通了制衣的上下游环节，让'制衣链'变成'智衣链'，让生产效率更高，出错可能性更低，进度推进更快。"钟凌云说，其实整合供应链还是很简单的，但他们现在面临两个痛点，一是还没有规模化，二是系统还不完善。

在钟凌云的定义里，智衣链是面向中小型品牌或者中小卖家的，将所有中小型工厂和中小卖家联合在一起，共同面对国内、海外所有销售商客户，本质上就像美团平台所做的事情一样。

"生产端的智能化可以提升产能，平台的智能化疏通了堵点，让产能输送出去，这些都跟美团差不多。"钟凌云认为，美团一开始也是跟中小卖家合作（大酒店是不会去搞外卖的），满足了客户想要简单又快速的需求，规模化之后，大酒店自然会跟它合作。

因此，解决那两个痛点的打法，也跟美团是一样的。

首先，中小企业要买设备、买软件，成本也比较高，软件免费和平台化显然是一个可行的路径。

"巨额成本买设备和软件这个事情，我们也经历过。"钟凌云说。一开始智衣链也找过别人买，一个软件要几十万，扫描枪买了一大堆，买了之后，发现根本不实用，全部扔掉了，"后来迫使我们自己改变，自己去研发"。

踩过所有坑之后，钟凌云反而认为，这个问题解决起来很简单，"未来，我们会把这些软件，包括企业微信和我们的软件规模化，免费给到中小工厂，他们不需要下载其他App，只需要下载企业微信，不用多花一分钱就可以得到数字化管理软件，觉得数字化很好，又适合他的，肯定就会跟我们合作"。

如果中小企业、中小服装工厂、纺织工厂都用上了智衣链的软件平台，新的商业模式自然就会出现，首先就是产能和订单的重组。"很多工厂都说没订单，但有的订单很足，不知道怎么才能完成。通过平台，工厂可以有效调配订单，将完不成的订单推送给没有订单的工厂。而且，平台上每个工厂、供应商的特性都很清晰，哪个工厂适合接哪类订单，都可以一站式对接，不需要挨个去找，这样的合作自然更加牢固。"

其次，未来，制造生产环节数字化和平台数字化需要有机结合，相当于平台跟下面的生产、管理、财务，甚至是交易都要打通，这样才能实现真正的数字化——供应链协同和管理。

"如果不打通，卡在一端了，没办法往前推动。比如，生产这块搞好了，但是没办法交易，那平台价值就会大打折扣。"钟凌云说，现在唯一要做的就是持续研发软件，比如，下一期就准备做交易平台。

"交易平台,就是金融交易。现在是先打款给我,再给工厂;未来通过线上交易,买家跟工厂都能实时看到资金的流转,让工厂跟 B 端更便捷地交易,就不存在欠账,相对来讲也就更便利。"

面向未来,还有更多功能需要研究,比如"共享设计""线上展厅"等等。

目前的品牌设计、展示方案很简单、粗暴,例如,100 个设计师,设计出来 200 款,最后设计总监只挑 10 款出来卖。但设计总监喜欢的,觉得能大卖的,消费者未必会认可。真正被认可的,设计总监未必能挑选出来,最后的结果可能就是,"大卖的方案"没有展示在客户面前就被埋没了。

有了共享设计,这个问题就很好解决,90 后、00 后,从业者甚至学生和行业外兼职人士,都可以自己做一番事业;他们也可以不进设计公司和品牌公司,自己在网上自主独立创业,创作出不同的创意设计,分享到这个平台上。

"其实很多学生创意能力特别强,我看到其中很多设计很漂亮,也越来越时尚。我们做一个设计共享平台,学生的创意放到网上去推动时尚,那又不一样了。"

同时,基于平台的线上展厅,这些创意可以先做几件样板出来,找些模特穿在身上去拍,在网上做展示,看一下流量好不好,再决定做库存、销售。当然,更进一步的话,线上展厅还可以借助 3D 动漫的形式,不需要再找模特,不需要先去打版,就可以直接搬到那里,虚拟形象一键就直接穿上,几分钟就能形成视觉效果,不需要任何库存。

最终,整个链条上的角色,都可以轻松获得收入。钟凌云认为,未来的工厂肯定不是大量库存,而是小订单快速反应,时尚、个性化越来越强,"未来不是看你能不能生产 10000 件,而是看你能不能生产 1 件"。

- 小结 -

目前,钟凌云的主要客户还是企业,包括三大类,第一类是刚从学校毕业的 90 后、00 后做的"设计品牌",第二类是品牌商,第三类是跨境电商。其中,与跨境电商的合作占总业务量的六七成,不过,第一类客户数量是最多的。

"服装产业链很复杂,很多 90 后、00 后刚从学校出来,不懂服装行业,没办法去跟服装生产链条上的各个工厂沟通、交流,我们可以一站式地给他解决所有问题。"钟凌云说。因为能解决所有问题,他们不需要再去跟布料、辅料、印花厂等打交道,不用去找各种供应链做对接,所以,这些客户很愿意长期合作,稳定性很强。

第二类的品牌商,像女装品牌谜秀,体育用品品牌河马体育,童装熊出没、戴维贝拉等,基本也是小订单合作,原因很简单,新的消费模式下,他们面对的库存压力越来越大。

"比如说,他们一下堆很多库存的话,只能是打折甚至亏本去卖,都可能卖不掉,加上肯定有断码,那就更没办法卖,只能慢慢减少库存。现在所有企业都在减库存,他们就会尝试先做小订单,做了再返单。"

与跨境电商的合作更多是定制类,尤其是运动类型,比如骑行服、瑜伽服、赛事服,以及竞选的服装,都不用库存,非常适合"小单快反"模式。

面对未来,钟凌云充满期待,首先,更多品牌商的合作,包括直播类的，都值得期待；同时，他认为，他的起步更早，超越犀牛智造也不是难事。

智衣链工厂生产能力持续提高，现在一天的产能最高峰可以到10万件。企业的销售额也持续攀升，2020年实现了5000多万元销售额，到2022年接到了7000多万元的订单。钟凌云预计，2024年，出于美国总统竞选等原因，订单会更多。